文化昆明

安宁

WENHUA ANNING
WENHUA KUNMING

螳川宝地 温泉之乡

总 策 划 程连元 王喜良

主　　编 金幼和

本卷主编 刘 婕 李荣敬

云南出版集团　云南人民出版社

安 宁

图书在版编目（CIP）数据

文化昆明．安宁 / 刘婕，李荣敬主编 . —— 昆明：
云南人民出版社，2021.10
    ISBN 978-7-222-20347-1

Ⅰ . ①文… Ⅱ . ①刘… ②李… Ⅲ . ①文化史 – 安宁
Ⅳ . ① K297.41

中国版本图书馆 CIP 数据核字 (2021) 第 170353 号

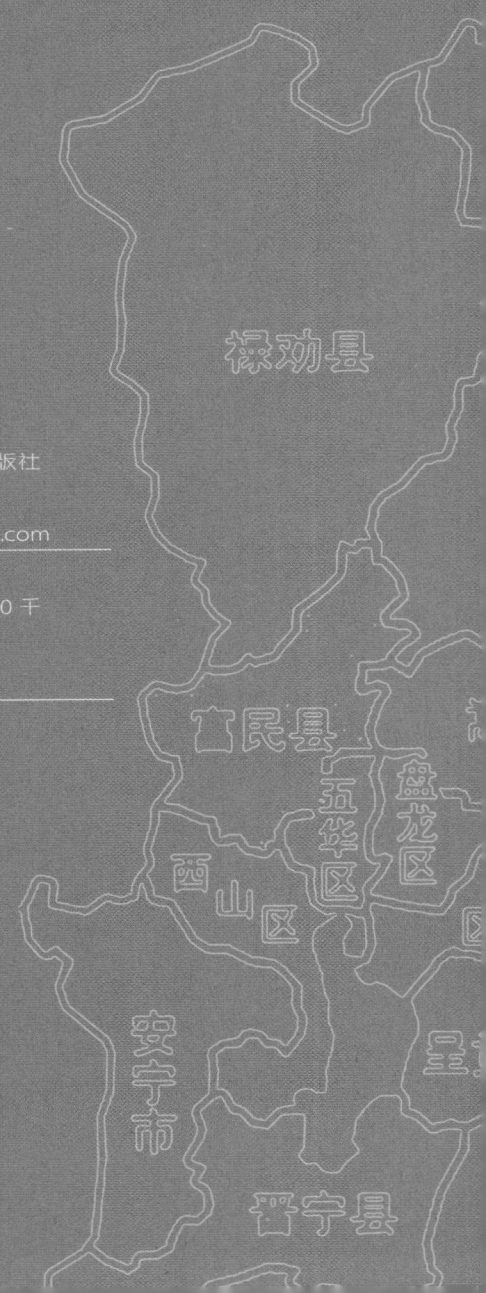

出 品 人： 赵石定
责任编辑： 刘 焰
助理编辑： 李明珠
装帧设计： 熊小熊
责任校对： 姚实名
责任印制： 窦雪松

文化昆明·安宁

主编： 刘 婕 李荣敬
出版： 云南出版集团 云南人民出版社 　　**发行：** 云南人民出版社
社址： 昆明市环城西路 609 号 　　　　　**邮编：** 650034
网址： www.ynpph.com.cn 　　　　　　　 **E-mail:** ynrms@sina.com

开本： 787mm×1092mm　1/16　　**印张：** 16　　**字数：** 240 千
版次： 2021 年 10 月第 1 版第 1 次印刷
印刷： 云南出版印刷集团有限责任公司华印分公司
书号： ISBN 978-7-222-20347-1　　　**定价：** 79.00 元

总 序

历史名城异彩绽放

云南省省会昆明，地处中国西南边陲，有"春城"之美称，是一座有着悠久历史和奇特自然风光的诗意之城。国务院 1982 年公布首批 24 座历史文化名城，昆明就以其优势位列其中，尽展风采。翻开这套精美的"文化昆明"丛书，可以让你尽览其内涵的丰富和博大，满足你对昆明文化的追思与怀想。

转眼之间，昆明已经走过 1240 多年的漫漫历程。它古老而年轻，传统而时尚，在时光中积淀下丰富多元的文化底蕴，向世界展示出"历史文化名城"的奇特风姿。它三面环山，南依滇池，在历史的波涛中经历岁月变更。上天垂爱，这里天高云淡，彩云南现。花在这里四季不谢，风过这里温暖如春。

"春城"之名，名副其实。

早在 2000 多年前，昆明就是"南方丝绸之路"的重要陆路枢纽，连接起中国和世界的友好往来。当今盛世，它又重振开拓进取的雄风，成为中国面向南亚、东南亚开放的门户城市。它浓缩了云南省的区位优势，集中体现了云南的美丽、神奇和多姿。它是国家历史文化名城，也是中国重要的旅游、商贸城市。在昆明获得的众多荣誉中，近年新获的这几项尤其能说明它的独特优势：2016年中国十佳绿色生态旅游城市、2016年中国最具魅力宜居宜业宜游旅游城市、2017年世界春城十佳、2017年中国年度文化影响力城市……昆明正在以出色的自然生态环境和深厚的文化底蕴，向世界展示历史文化名城的特殊魅力。

历史是一幅壮丽长卷，展开这幅长卷，你将会看到昆明这座历史文化名城的前世今生，感受到它的风起云涌、波澜壮阔。它在时间中一路走来，历经岁月风霜，积淀下厚重的人文传统。"文化昆明"丛书就是为了展示昆明文化风采而作的一部大气之作。翻开它的书页，你将进入一个古老博大、丰富多彩的昆明。你会看到，在岁月帷幔后面，昆明收藏着一部部风云传奇。

早在数千年前的漫漫时光中，古滇国人就开始依傍滇池筑城。一座苴兰城，在历史的天幕上熠熠生辉，留下几多风云传奇，为昆明开启了一扇文明之门。后来又历经汉代的谷昌城、南诏的拓东城、大理国时期的鄯阐城、元代的鸭池（或中庆城）……城市的身影在历史的烟云中起伏，文明之光在时间长河中闪耀。一路走来，至明代的"龟蛇之城"，终于奠定今天昆明城的基础和风貌。那些承载着昆明历史与传奇的事物，至今还在历史舞台上演绎着不息的传说。

翻开"文化昆明"丛书的书页，历史画面如风如雾，岁月足音隐隐可闻。金马扬蹄碧鸡欲飞，五华风烟谱一代传奇。你会发现，昆明的每一段历史都和国家命运紧密相连；每一张书页中，都有生动的故事随风传扬。重九起义、护国运动，写下不朽历史篇章；蜿蜒的滇越铁路、滇缅公路，带着使命从昆明出发，谱写下时代风云传奇；滇军台儿庄抗战从昆明启程，西南联大入滇到昆明集合，历史见证着昆明对国家、民族的无私奉献……

昆明是云南的中心，也是历史风云的大舞台。穿过时光隧道，可以窥见历史波光潮起潮落，永不沉寂。真正是叹不尽数千年往事，写不尽代代英雄辈出。

有着悠久历史的昆明，不但有厚重的历史文化底蕴，还有无数美丽动人的自然风光。立体多元的气候条件和自然资源，更是昆明得天独厚的优势。

水，滋养了昆明古老的历史，也创造了昆明文化的精神——博大、包容、温润、丰厚，是一座城市发展进步的精神底蕴。滇池是全国第六大淡水湖，辽阔五百里，风光无限好，如同一面明镜，为昆明带来"波光潋滟三千顷，莽莽群山抱古城"的美景。它是昆明的母亲湖，更是昆明历史文化的重要源泉。盘龙江等河流从四面注入其中，汇聚成一个壮观的高原之"海"。它收纳昆明的历史光影于波光涛影中，见证着时间岁月的悠久绵长。它养育了古滇国的厚重，创造过古滇文化的奇观。从昆明穿城而过的盘龙江，则如同一条蜿蜒长龙，书写下昆明现实发展的壮丽长卷。

山，是昆明的屏障，昆明的筋骨，支撑起厚重的历史与文化。耸立的山峰，是昆明精神的另一种写照，象征着坚强的意志与不屈的努力进取。群山拱卫昆明，守护着中国西南这片边远辽阔的美丽疆土。立足滇池，放眼四方，"东骧神骏，西翥灵仪，北走蜿蜒，南翔缟素"。山是昆明文化精神的另一个侧面，它代表着坚毅、刚强，以千万年的沉默，矗立成一种不屈的精神。

如此多情山水，养育了昆明的花，风情万种，四季不谢。花是昆明人温婉、多情性格的体现，也是昆明这座城市热情、开放、进取精神的象征。"不要人夸好颜色，只留清气满乾坤。"无论哪个季节来到昆明都有鲜花盛开，每个角落都会给人充满温馨的享受。近年来，斗南的鲜花市场在努力进取中崛起，以花色缤纷、花市多姿而闻名世界，为昆明这座"花之都"平添异彩。

昆明的自然景观丰富多元，人文创造相得益彰。在历史长河中，昆明一直在努力奋进，奋勇拼搏，追赶着时代前进的步伐。它由民国时期的4.49平方千米，发展到今天的21473平方千米，就是最好的证明。如今的昆明下辖7区6县1市，其省会城市的规模和风姿独放异彩。每一个区、县、市，都已经形成自己独有的特色和优势，共同构成一个多元、开放、进步的新昆明。放眼之处，五华拥翠，盘龙蜿蜒，官渡涛涌，西山苍劲，主城的四个区，历史悠久，风景独异，拱卫出昆明的内核和精神气蕴。

"中国花卉第一县"的呈贡区，这里不仅有驰名天下的斗南花市，还是中国著名的蔬菜生产基地。大学城的建成，更为它增添了浓厚的文化意蕴。地处昆明东北部的"天南铜都"东川区，则以红土地的神奇壮美闻名于世，描绘了一幅壮丽的自然画卷。位于滇池之畔的晋宁区，有深沉厚重的历史底蕴。它是古滇王国的发源地，青铜文化的古老摇篮。富民县素有"滇北锁钥"之美称，默默守卫着昆明北大门。嵩明县收获了"滇中粮仓""花灯之乡""龙狮之乡"之美誉。寻甸回族彝族自治县，红军长征在柯渡留下了红色遗迹，向后人昭示着一种开拓进取的精神。石林县有"云南石林世界地质公园"，宜良县有"九乡风景区"，每一处都是大自然的鬼斧神工，也是闻名天下的自然奇观。禄劝彝族苗族自治县境内的"乌蒙轿子雪山省级自然风景保护区"，苍峰雪顶，珍奇遍地，也是一处神奇险峻的自然杰作。距昆明 32 千米的安宁市，历史悠久，有"螳川宝地，连然金方"之美誉。2017 年 11 月，安宁市又力挫群雄，荣获"全国文明城市"荣誉称号。

今日的昆明开拓进取，成果卓著。触目处有花香遍地，鸥鸟欢鸣；举头望长空雁叫，银鸟翱翔。还有一条条高铁线路，如风如电，连接起八方美景。一个立足西南、放眼世界的新昆明，正在时代征程中尽展风姿。

自然风光旖旎多姿，人文精神源远流长，二者互相映衬，在长长的时间轨迹中塑造了昆明文化的基本精神：丰富多元，立体多姿；开拓进取，敢为人先。它为昆明在新时代的发展进步，奠定一片厚重背景。

文化是一块土地千百年历史精华的凝聚，是无数人心血和汗水的创造。文化也是当代人的精神家园，是一座城市的根脉所在。作为一个地处边疆、多民族共居的城市，作为一个承载着丰富时代内涵的省会城市，昆明的魅力不言而喻，它是中国西南大地上一块闪烁着五彩奇光的瑰宝。

优秀的传统文化，是经过时间之网过滤之后的岁月精华，是一代代人心血和精神的凝聚，也是一个时代创新发展的源泉和根基，一块土地的根脉之所在。有了文化的滋养，一座城市才能在前进征程中焕发新光彩，激发前进的动力。优秀的传统文化，也是不可再生的精神资源，需要我们怀着敬畏之心去学习和传承。

人们怀念老昆明，就是对优秀传统文化的追思与怀想。它们是那些从时间之页上流走的古老日子，既有风云变幻构成的宏大篇章，也有日常生活的平凡与诗意。诸如传说中"昆明八景"的瑰丽，滇池浪尖的鱼跃，盘龙江畔花灯的悠远，还有西山龙门的险峻，南屏街梧桐的婆娑，正义路灯火的璀璨……

翻开"文化昆明"丛书，它可以满足你对传统和现实的审美需求，可以展现给你昆明多姿的侧面和丰富的内涵。组织编写这套丛书，是本着一种对历史负责的态度，对子孙后代负责的精神，对昆明文化内涵的一次集中梳理与总结。同时，这也是在历史长河中捡拾珍珠的过程，把它们连接成一串闪光的珠串。

用历史的眼光、文化的视觉、文学艺术的手法、文化大散文的表现方式，来展现昆明的文化，让昆明的历史和特色生动形象地彰显于世，这是组织者的良苦用心。多姿多彩的文本，行云流水的文字，是昆明众多文人才子精神智慧和文学才华的倾情奉献。

一套"文化昆明"丛书，将昆明历史文化的精华囊括其中。每一页都有岁月之光在闪耀，每一册都有珍珠珍藏其中。翻开它，你可以从滇池涛声中谛听古老岁月的悠悠回声；进入它，你可以展望新昆明的辽阔远景。古老悠久的文化传统，如同川流不息的盘龙江，滋润着昆明这块古老、开放的土地，引领它创造更加美好的未来。

序 言

从昆明西部碧鸡关西行30余千米，就是闻名遐迩的"天下第一汤"温泉所在的"螳川宝地"安宁市了。

安宁大地，紧倚昆明，下辖9个街道办事处，面积1301平方千米，常住人口38.9万人，是昆明通向滇中、滇西的必经之地。这里，春天铺展于大地，绿色、金色、紫色……五色缤纷，数十里螳螂川溉育温润的宝地，是花海，是林野，是万种风情；在夏天火红撩人的气氛里，龙山矿中的蝉鸣与炼铁高炉争唱生产的号角，作为春城昆明辖区内唯一的县级市，它是云南首个现代制钢厂诞生地，是云南最大冶金、黄磷化工和石油炼化基地；金秋是收获的季节，我们可以欣喜地看到，在收获一车车饱满厚实的经济成果后，它宛然名列云南省经济十强榜首并跨入全国县域经济百强县市行列；而坐在冬天的窗前，安宁大地，千年盐都，那洁白晶莹的盐粒，像鲁迅先生笔下永远洁白如沙的"南方的雪"，沉浸了历史的况味，雪泥留痕……

从西汉元封二年（前109年）设县以来，安宁已有2100多年的历史。"他"是沧桑的历史老人，古韵悠长，人文荟萃，有如此

多的传奇：从一六街红土斑驳的恐龙化石，到20世纪的百花山楠园；从王仁求、杨一清到朱培德、陈钟书，立德立功，千古流芳；更有曹溪寺的暮鼓晨钟，遥岑楼的状元表情，摩崖石刻前的如水月光……"他"是不断进取的永恒青年，文明城市，山欢水笑；幸福城市，安宁祥和；辐射三迤，产业聚集：10所高职院校，12万名在校师生为其产业发展注入百年大计的教育元素；中国最高级别红土网球赛等在这里举办，让全民健身在新时代闪现活力；美丽乡村光崀大村的乡村振兴策略，吸引了大批扎根乡村、不忘乡愁的艺术家入住，传承文化，继承传统……今日的安宁，正全力朝向建设区域性国际中心城市西线经济走廊、滇中最美绿城、中国西部县域高质量发展标兵的目标大步迈进。2019年，地区生产总值完成575.14亿元，人均GDP达14.02万元，突破2万美元……

安宁大地，延续着千年辉煌，地域文化的光芒，既古典又现代。今天，它穿越绵延不绝的时光隧道，正深情照耀着我们——

望五百里滇池，烟波浩渺，披襟岸帻，喜茫茫空阔无边；抚安宁夕今，绝色美景；观古城连然，盐梦千年；赏曹溪映月，古刹幽邃；

20世纪90年代的安宁县城和昆明钢铁厂

数地毓英杰，千古流芳，入螳川仙境，尽享"天下第一汤"安宁温泉。

安宁，历史上曾是云南省的重要经济区，享有盛名的安宁盐业，"盐池鞅掌，利及牂牁"，可谓盛世空前；也是西南古代驿路夷方道上的重要一站，是连接沟通内地与边陲的必经地之一，商旅繁茂，地位显赫，被誉为"连然金方，螳川宝地"。

安宁，现如今依然是祖国西南滇中高原的璀璨明珠，是云南省的冶金工业、化工基地。磷矿钢铁，连然盐业，续写着现代化工业的辉煌；同时也有着悠久的历史文化、丰富的自然资源和便捷的交通条件，举世瞩目，核心竞争力不减。

安宁，这片神奇的土地，意蕴深厚，民风淳朴，生态文明，滋味生活，韵味独特。这里的一花一木，一盐一铁，皆为其灵，四时之景，绿海温泉，皆有其感。安宁的文化历史，薪火相传，生生不息，熠熠生辉。

❶安宁东湖

❷清代石碑"古连然"

目录 Contents

077　第三章　地毓英杰　千古流芳

121　第四章　文物园林载承悠远文脉

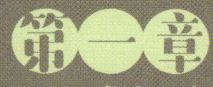

盐铁名城的沧海桑田

  滇中安宁，历史古城，盐铁名城，文明之城。历史上的安宁，有着丰富的自然资源及盐、铁、磷等矿产资源，便捷的交通条件，盐池鞅掌，利及迩欢，盐业商贸，盛况空前，诸爨要冲，军事地位显赫，是历代兵家必争之地。曾经的安宁盐业、云南钢铁、西山区海口镇辖区，抚今追昔，沧桑巨变。随着现代化的工业区建设的推进，新知识新技术的运用，冶金、化工、水电产业的再度崛起，给安宁这座城市经济社会发展注入了新活力，让安宁再次腾飞，盐梦千年终成真，经济建设再飞跃，文化文明再发展，昔日的"连然金方，螳川宝地"，如今已跃然成为"工业首户，盐铁名城，矿业先锋"。

安宁城市新貌

盐梦千年

在人类历史发展的长河中，文化是推动经济社会发展和社会进步的重要保障。一个国家、一个民族的强盛，离不开文化兴盛的支撑。回顾历史，是为了更好地展望未来；弘扬文化，是为了更好地创新传承。在云南历史文化发展的进程中，安宁的盐文化就是云南历史文化中一个最闪光的亮点。

盐路漫漫

清光绪时期的运盐票据

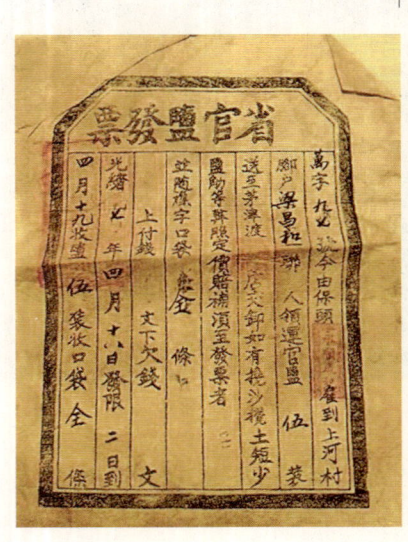

俗话说："一方水土养一方人。"每一个地方因所处地域的不同，都会有自己的民族特色、有自己的产业承载、有自己的文化文明、有自己的风土人情。安宁也是如此。纵观安宁的发展史，就是一部盐业发展史。安宁盐业的发展史，也正是安宁人文明进步的发展史。

早在西汉元封二年（前109年），安宁这一片地方便设立了连然县，隶属于益州郡，三国时属建宁郡，到南齐改名为安宁县。关于"安宁"一词的由来，清康熙《安宁州志》卷一中这样记载："有东川人阿宁牵牛过此，牛舔地不去，取土尝之味咸，遂掘地为盐池。因神其事，改连然为阿宁，后以安阿音相近，又改阿宁为安宁。"在明景泰

❶古代制盐图

❷古法制盐锅

《云南图经志书》卷一中叙述安宁州建制沿革时这样记载："蛮云阿宁部。初，东川罗罗阿宁者，牵牛车过此，牛舔地不去，取土得咸醝，后掘地为盐池，因以阿宁名郡……"这些记载，充分说明安宁这一词来源于人名或彝族先民的部落名，安宁这片地方的开发和兴起，都是与盐的开采、利用密不可分的。

"厨中美味盐为首，世上珍品米当先。"盐不仅是人们日常生活必备调味品之一。没有盐味，人们吃起东西来就会寡淡无味，失去食欲。人如果长期不吃食盐，就会觉得全身没有力气，患上一种叫"低钠症"的疾病。可见盐对人的身体、成长甚至寿命都有着十分重要的影响和意义。盐还与人类社

第一章 盐铁名城的沧海桑田 ANNING

❷

会发展密切相关，盐业是几千年来国家统管的物资产业。人们对食盐利用、生产的漫长认识过程，其实也正是社会曲折发展的历史过程，安宁盐业也不例外。

纵观安宁盐业两千多年的历史，我们不难发现，安宁盐业的兴衰，与制盐的技术有关，也与当下的社会生产水平密切相关。史前的安宁人同人类文明的经历一样蜿蜒曲折，经历了原始社会、石器时代、青铜器时代等社会形态，同样经历了祖先们不知道盐、不懂得食盐的时代。随着人类文明的不断进步，社会生产力水平的不断提高，盐的开采与利用显得日益重要，特别是青铜器的广泛使用，商贸业的繁荣发展，极大地推动了滇池地区社会经济的发展进步。《史记·西南夷列传》记载，到了公元前4世纪中叶，滇池地区的人们能够在"平地肥饶数千里"的土地上开垦耕种，有了相当发达的农业生产。这里记载的滇池地区包含了安宁地区。

安宁盐开采历史久远，影响巨大，使得有不少著名学者、一些本土文史爱好者如方国瑜等都对其进行了广泛的研究。杨宗元在《安宁盐业往事》一文中，引用了《续博物志》卷七中的话说："当时在南诏市场上流通的盐币，就是安宁煮制的盐。"盐能作为货币流通，从一个侧面反映出盐对社会经济发展起到的极大促进作用。

中央集权制的强大，秦帝国的建立，不仅对华夏民族的统一、中华民族的强盛起到了划时代的作用，也对各地、各民族部落间的商贸交往起到很好的促进作用。特别是自从盐被人类发现，其作用被认识，成为人们日常生活的必需品后，人类文化便从有盐的地方率先发展起来，并随着食盐的生产、运输和销售，逐渐扩展到文化等领域。人们最早的商品交换中，虽然是以农牧产品和手工艺品的数量居多，但是最具有特殊控制力的商品还是食盐。可以说人类早期的商业是从日常用品同食盐的交换开始形成的。安宁作为较早的产盐地区之一，便成为早期的商贸城镇，并辐射四面八方，形成了以盐文化为载体所构成的古代原始商贸为中心的交通网络。这种网络的形成，成为宗教、文化、经济交流与传播的纽带，极大地推动了人们的交往、思想的进步和社会文明的发展。

明清时期安宁地图

西汉元封二年（前109年），汉朝派巴蜀的军队消灭了滇东北的劳浸、靡莫（在今天的曲靖市）部落，滇王见大势已去，在不得已的情况下做出了降汉的决策。从此，汉王朝在"西南夷"地区"设郡"的行政建制政策得以施行，赐"滇王印"，辖24县。其中，在古代安宁设连然县，属益州郡所辖24县之一。

连然县最早见于史籍中的地方官吏，名叫陈立。《后汉书》记载："陈立为连然长，多善政。"清康熙《安宁州志》卷一中记载："武帝元封二年（前109年），建制益州郡，以本州为属县，名连然。河平二年（前27年），陈立为连然长。"清雍正《安宁州志》载："汉，陈立，临邛人，为连然长。"汉人陈立的到来，不仅体现了汉王朝在安宁统治时代的开始，也从此开启了安宁一个崭新的历史时代。从此，汉王朝将中原王朝的政治、经济、文化进一步传播到了安宁，对安宁社会经济和文化发展起到了极大的、不可替代的作用。

到明代，以食盐为主的商贸不断发展，很好促进了安宁州的城市化进程。当时安宁州城已经有方圆1500丈大小，是门开八面的城市了。有一个名叫李格的当地诗人，在他的《除夕

古法制盐成品

还山吟》诗中这样写道："城中计有千余户，燕到谁家是故知。"由此我们可以想象当时安宁城市的繁华与喧闹景象。

明洪武年间有个叫平显的谪官戍边云南时，写了一首叫《忆滇春》的诗："颗金螺贝马蹄盐，万升高菱截屋檐。比屋弦歌春皞皞，笼街灯火夜厌厌。"诗中所说的"颗金"就是一颗一颗黄豆大小的金子，又叫"金豆子"，是古代云南的货币之一。螺贝，也是古代云南的货币之一。马蹄盐，是安宁的特产。由于安宁制盐的方法是用铁锅煎煮，盐在锅底凝固后自然形成锅底状，用锯子均匀划开一分为二，锯面成半圆形，酷似马蹄状，故称"马蹄盐"。据说这种盐色泽洁白，成晶体状，味道咸而不苦涩，盐中有硝，拿来腌肉，腌出来的肉颜色紫红，味道鲜美可口，用于制作腌菜、豆豉，色味经久不变，且越陈越好。从诗中可以看出，当时在安宁金子、螺贝、马蹄盐十分丰富，同样贵重，粮食丰收堆得如小山一样，房屋一间接着一间，鳞次栉比，弦乐歌声此起彼伏。每当夜幕降临后，灯火闪烁的街市，映衬出明代安宁一派盛世的繁荣景象。

随着以盐和地方特产为主的商贸往来的密切，在极大改善人民生活的同时，也增加了地方政府的赋税。汉武帝时国家在产盐地设置了盐业生产、交易的官吏。《汉书·地理志》益州郡连然县载"有盐官"，正是当时社会发展背景下安宁盐业和置官的真实体现。这一记载，客观地反映了汉代安宁的部族、酋长们利用盐利富甲一方的景象。

盐生福祸

据史学家研究和考证，连然（安宁）盐井的开发从汉代伊始，至今已有两千多年的历史，其中唐宋时期较为兴盛，明清衰落一些。经过汉唐几个朝代的发展后，安宁盐业产量大增，远销各地，名声远扬。唐代《南诏德化碑》中记载："安宁雄镇，诸爨要冲。山对碧鸡，波环碣石。盐池鞅掌，利及䍧牂。城邑绵延，势连戎僰。乃置城监，用辑携离。远近因依，闾阎栉比。"经后世学者考证，碑中所说"䍧"即指䍧牂郡，在今贵州瓮安县以西。"牂"即欢州，在今越南清化一带。这说明，早在唐天宝年间，安宁盐东北边就已远销到了今天贵州省内，南面已销售到今天的越南北部。随着安宁盐声名大振，也使得安宁这个一川三坝，五族十镇，八河九岭，物稔丰登，盛产盐的重镇，成为当时唐王朝、南诏、地方爨氏各种势力争相欲得的地方，上演了一个个福也因盐生、祸也因盐起的惨烈悲壮故事。

安宁因为产盐，商贸繁荣，在南诏的拓东城兴起之前，一直是南诏东部的重要城市和南诏与内地联系的重要枢纽。爨氏是东汉以来南中的大姓之一，隋末唐初，安宁一直处在爨氏的统治之下。由于安宁地处交通枢纽，连接东西两爨，经济文化比较发达，便成了唐朝、南诏、爨氏三股势力互不相让、志在必得的争夺要地。因盐得福的安宁，也因各种势力以霸占为急务而招来了战争之祸。

751年至754年的唐玄宗天宝年间，唐王朝与南诏发生过一场规模较大的战争。由于发生在唐玄宗天宝年间，史称"天宝战争"。这次战争分为两个阶段：第一阶段是天宝十年（751年）。第二阶段是天宝十三年（754年）。两个阶段战争虽都是以唐王朝唐军最后惨败而告终，因产盐而著名的安宁，则是唐王朝和南诏争夺的战略要地。

盛产食盐的安宁为何会成为唐王朝和南诏争夺的战略要地呢？

从军事和战略意义上看，安宁是重要的交通枢纽，唐王朝想通过占领安宁，再开辟一条从长安经过安宁、步头（今建水一带）到交州（今越南境内）的新交通线路，试图以安宁为重镇，连接步头，有效控制交州。交州的地域在今天的越南境内，在西汉元鼎六年（前111年）置交趾刺史部，东汉时治所在龙编县，建安八年（203年）移交给广信县（今广西梧州市）管理，建安十五年（210年）划归番禺县（今广州市）管理，三国时属吴国。隋朝时被称为交趾县，隋朝灭亡后，原交趾太守丘和被降服收编，仍被委任为总管。这期间一直属中国管辖，直到唐武德五年（622年）复置交州，治所在交趾（今越南河内西北部）。

在唐代，唐王朝从长安到交州起初只有经过广州乘船到达，走海路风险大很不方便，后来又改走经广东广州、广西沿海的陆路到达交州，虽有效避开了海上的风险，但路程增长，从长安到交州，全程总计5960多里。贞观十三年（639年），有人从牂牁开道，由邕州取象州至长安，全程5700余里，而如果开辟一条新路，从长安经四川，过僰道，到安宁，再经步头，过河口至交州，总计路程为5300里，比上述的路程缩短数百里。所以，唐王朝急着想打通这一条通往交州的捷径，巩固疆域。为此，唐王朝曾命高官竹灵倩修筑安宁城，以置府东爨，路通安南，结果引起了"郡蛮骚动"。

从政治意义上来说，唐王朝想通过占领安宁，统一洱海地区，扩大自己的势力范围。不料，南诏统一六诏后，"日益骄大"，想做大做强自己的势力，对外扩张的野心也越来越大。在这种情形下，唐王朝不得不离间诸爨，引起诸爨内乱。唐王朝本想趁机加入内战形成混战，以此来削弱爨氏势力。结果适得其反，南诏却利用爨氏内乱，灭了爨氏各方，扩大了自己的势力范围。在各种势力分化和勾结、相互利用的复杂过程中，安宁有着举足轻重的作用。唐王朝在武德初年，命竹灵倩在旧城的基础上扩建安宁，实现有效控制南诏、驾驭两爨，北联戎州、南接交州，结果未能如愿，相反更加激化了唐王朝与南诏之间的矛盾。

从经济意义方面而言，唐王朝企图把盐产丰富、经济发达的安宁牢牢控制在自己手中，进而掌控南诏和诸爨。在唐代，安宁与周边地区相比，是极为富庶的，这就使得安宁在当时具有极为显赫的、不可替代的经济地位，自然成了唐王朝、南诏、诸爨的争夺之地。唐王朝扩建、占领安宁城，实想通过控制食盐为手段，有力卡住南诏和诸爨的脖子，进而达到有效控制他们的政治目的。在这一企图并没有得逞的情况下，唐王朝为扼制南诏的势力向东发展，在天宝七年（748 年），"玄宗诏特进和履光以兵定南诏，取安宁城及井"（《新唐书·南诏传》）。同年，南诏王皮逻阁驾崩，唐王朝册封阁罗凤为云南王。如此一来，唐王朝与南诏的关系应当实现缓和，过一如既往的太平日子。但并非如此，在册封云南王后不久，越巂都督张虔陀却在南诏王位的继承问题上要花招、做文章，企图用阁罗凤的异母弟诚节取代阁罗凤，以便控制南诏，在这一企图没有实现的情况下，张虔陀又背地里暗中支持南诏的敌对势力，令南诏惶恐不安。

天宝九年（750 年），阁罗凤在拜谒都督李宓的途中，路过姚州，太守张虔陀侮辱阁罗凤的老婆，勒索阁罗凤的钱财。这种辱妻夺财之辱，让威霸一方的南诏王阁罗凤颜面尽失，怒发冲冠。为挽回颜面与尊严，盛怒之下，阁罗凤下令攻陷姚州，杀死张虔陀以雪其耻。但这一行动，却被唐王朝所利用，称其是南诏对唐王朝的反叛。于是在天宝十年（751 年），唐王朝命鲜于仲通率领八万大军，兵分三路向南诏进发，一路由鲜于仲通亲自率领，从南溪南下，即取道宜宾从四川南部进军南诏；二路由大将军李辉率领从四川南部的西昌、会理一带向南诏直扑而来；三路由安南都督王知进率领由步头路进入，取道建水向南诏进行攻击。

面对唐军如此强大的攻势，南诏的形势变得岌岌可危，南诏政权到

天宝战争（壁画）

了生死存亡的关键时刻。此时的安宁城已被唐军控制，守城使节为王克昭。阁罗凤见势不妙，立即派出使者到安宁城表达忠心，表明南诏并没有反叛唐朝的意思，只是张虔陀之流的地方官吏不能执行朝廷的大政方针，破坏民族关系，使得南诏蒙受不白之冤。希望唐王朝明察秋毫，收回重兵，不要发动战争。谁知王克昭并没有领情，认为南诏夺城斩将，反叛已成事实，唐王朝的天威尊严绝不可辱。在强大唐军做后盾面前，王克昭断然拒绝了阁罗凤的求和请求。万般无奈之下，阁罗凤下令派大将军李克铎等人率兵攻打安宁城。结果南诏军队一举攻占安宁城，王克昭战死身亡。

就在南诏军队占据安宁城取得胜利之际，由四川进入云南的唐朝大军已到达曲靖。阁罗凤摄于唐军的强大威力，再次派出使者杨子芬前往求和，说明以往都是张虔陀"馋构"、受吐蕃对南诏软硬兼施威胁，南诏不得已而为之。只要唐王朝肯罢兵言和，南诏愿意退出安宁、姚州两地，让唐王朝重新设置安宁、姚州这两座城府，再三希望唐王朝允许南诏改过自新，和好如初。尽管如此，依然遭到了唐军鲜于仲通的断然拒绝，鲜于仲通趁机挥兵南下，斩将搴旗，一直打到江口（今下关）。

鲜于仲通企图倚仗兵多将广，采取背腹夹击的战术一举歼灭南诏主力。在这种十分不利于南诏的情况下，阁罗凤为了南诏的存亡，最终迫不得已，违心地投靠吐蕃，与吐蕃大军联手合力抗击唐军，唐师全军覆没，"仲通仅以身免"。战后，阁罗凤派遣100万人到浪穹（今洱源）修筑白崖睑城，再次派军队攻打掠夺安宁等地，安宁再次遭受劫难。

原本战争到此结束，唐王朝会正视现实，接受失败。但是，当时朝廷重臣杨国忠仗着在朝廷中很得势，故意欲盖弥彰，将败仗说成是胜利，大举庆功让败军之将鲜于仲通当上了京兆尹。天宝十三年（754年），在杨国忠等人的操纵下，又征兵十余万大军，命令前云南郡督兼侍御史李宓、广府节度使何履光、中使萨道逊，总领北方战士，加上安南士兵，长驱直入，在洱海东岸的山坡上安营扎寨。由于云南山高水险，道路艰难，加上李宓率领的军队士兵，大多是秦陇两地的北方农民，本来就惧怕云南的"毒瘴"，受杨国忠集团强迫远征，来到云南后水土不服，军中疾病流行，战斗力极差。在南诏和吐蕃联军的强大攻击下，唐军"血流成川，积尸壅水，三军溃衄，元帅沉江"。这样，天宝之战最后以唐军的惨败而告终。

在现代人眼里，战争永远没有胜利者，受苦难的永远是平民百姓，这场战争对安宁人和安宁盐业造成不小影响。在短短的30年间，爨氏、南诏、唐王朝等几方势力先后八九次出入安宁城，争夺安宁城，唐王朝20万"中国利兵"弃之死地，"只轮不返"。《新唐书》有"阁罗凤敛战胔筑京观"的记载。我们不难想象战争的残酷性，不难想象当时因受战争影响，安宁商贸、安宁盐业、安宁盐人受到的创伤和悲惨生活的景象。

天宝战争唐军失败后，南诏又趁"安史之乱"的机会，四处用兵，修筑道路，设置城邑。到了广德元年（763年），

云南王阁罗凤派其子凤伽异率兵东征，先后占领滇池地区和澄江等地，并置安宁城监，将安宁作为东部最重要的政治、军事据点，同时还注重开拓与贵州和四川宜宾一带的经济来往。这样一来，让唐王朝企图掌控南诏和诸爨的政治谋略彻底宣告失败。后来，到了唐永泰元年（765年），南诏筑拓东城（今昆明城），阁罗凤封其子凤伽异为"二诏"（副国王），坐镇拓东。随着拓东城的不断发展崛起，一度发展成为南诏的第二国都，并"威慑步头，恩收曲靖"。从此，安宁虽在军事、政治上的地位开始下降，但依然是南诏的东部重镇。尤其是因为盛产食盐，安宁在经济上的重要地位依然不可低估。

谈到安宁盐业，我们就不得不提及安宁盐户。历史上，制盐的民户叫作"盐户"。汉代食盐生产由朝廷或贵族豪强控制生产资料，招收被流放的人制作盐。唐乾元元年（758年）第五琦定盐法，在产盐区设盐院，派原盐户和游民承办官盐，免其杂徭，称为亭户。五代以后制盐户除称亭户外，还称灶户、锅户、井户、铛户等。宋代起盐户作为具有特殊户籍，由政府佥派罪犯和民户充当，给予卤地草荡和制盐成本，并将所产食盐作为税课征收。

古盐道

明中期官府停止给制盐工本，所产食盐被封建把头和盐商剥削。清代仍保持盐籍，盐丁所负担的灶课已并入地亩征收。直到民国时期，盐户依然遭受着封建压迫和剥削。

安宁产盐的历史悠久，也很有名。明代安宁有盐井五井（即洪源井、大界井、石井、鹅井、新河井），但到清代初期只有洪源井和新河井出盐，其余三井因卤水淡而被封闭。到了清代中期，云南全省有盐井九十四井，安宁盐井占到了八井，在以上五井的基础上，还新增了萧家井、双龙井、崔家井，固定在安宁的监管灶丁有十七丁，民灶五百户。这些都一定程度上反映了在清代时安宁盐业的兴衰。

在元代，意大利人马可·波罗游历押赤（今昆明）城时，不但记述了当时的昆明是一座宏伟"壮丽大城"，还记载了这里有许多盐，居民所用食盐都来自这里。可见，马可·波罗当时来云南游玩到过安宁地区，目睹过安宁盐的生产情况。同时，马可·波罗还在游记中说明了盐税对国家的贡献："盐税是大汗（注：忽必烈王朝）大宗收入。"

据杨慎《连然新井记》记载："今其遗井四，曰大界，曰洪源，曰河中，曰石井也。"明嘉靖二十八年（1549 年）又开一新井，取名"连然新井"，杨慎还特为之作《记》。当时的制盐方法是煎煮，"取土得之者，其卤煮以为盐"。从事盐业生产的盐民们非常辛苦，据《徐霞客游记》推算，明洪武十五年（1382 年）安宁的盐产量可达 54 万斤，占当年云南省税办盐的三分之一。盐民们为国家提供了相当可观的盐课税银。

在历史上，安宁城区和制盐相关的村子有三个。一个是盐水村，也叫"盐水井"，今天的连然街区，因村前有一含盐水井而得名。一个是洪源村，跟一口叫"洪源"的盐井有关，因早期该地所产暗红色盐巴得名"红盐"，"红盐"与"洪源"音近，后演变成洪源村。再一个是盐场村，也叫"盐场坝"，因新中国成立前的安宁盐大多产于该村，故名"盐场村"，村以产盐场地而得名。

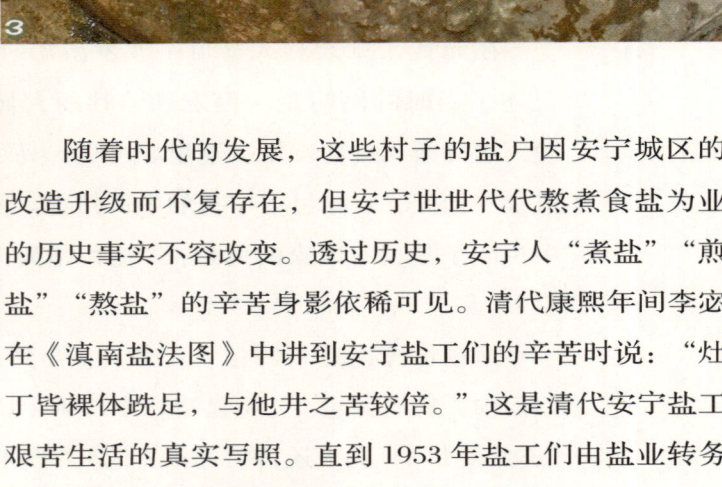

随着时代的发展，这些村子的盐户因安宁城区的改造升级而不复存在，但安宁世世代代熬煮食盐为业的历史事实不容改变。透过历史，安宁人"煮盐""煎盐""熬盐"的辛苦身影依稀可见。清代康熙年间李泌在《滇南盐法图》中讲到安宁盐工们的辛苦时说："灶丁皆裸体跣足，与他井之苦较倍。"这是清代安宁盐工艰苦生活的真实写照。直到1953年盐工们由盐业转务农，才真正结束了悲惨的生活。

由于安宁盐产量比较高，并能获得一定的利润，所以无论是在宋代，还是到了后来的清代，安宁的盐课是相当重的。据民国《新纂云南通志》记载："乾隆五年（1740年），奏准安宁州地方有洪源井一区，每年可煎煮盐二十一万六千斤，获价银五千三十二两八钱，内除煎盐薪本役食外，余银五百八十三两一钱……"从这个记录不难看出，当时生产盐大约可以获利润13%。由于盐课的过重，加之到了清朝末期，杂捐叠加，有团练费、路费、练费筹款等等，使得盐户苦不堪言，日子过得十分艰难，最后以致盐业衰落。

❶古代滇南食盐生产场景（《滇南盐法图》局部，清·无名氏绘）

❷《新纂云南通志》

❸盐场坝盐井

1939 年 9 月的特大水灾，对安宁盐井更是致命一击。从此安宁盐井元气大伤，奄奄一息。在《歌谣谚语》一书中，有一首《官厢街来官厢街》的民谣这样唱道："官厢街来官厢街，提起官厢好悲哀。二十八年发大水，冲走多少小媳妇，冲走多少老奶奶。"足见安宁当年水灾的严重，这场水灾致使安宁盐业遭受重挫。灾后，因当时政府无力采取积极的举措恢复盐业生产，加之制盐灶户、盐工们经济困难，无力进行生产技术改革，使得安宁盐业严重减产。在国难当头、经济衰退、物价飞涨的大环境下，安宁的土法制盐工艺落后，收不抵支，盐户无利，国家无利，一度走到了寿终正寝的地步。

因卤水淡、燃料缺乏，无法继续生产，1953 年 3 月 17 日，崔家井、双龙井、城墙井、书房井、天宝井、地宝井、拐角井、石井、新河井、萧家井 10 口盐井全部被封填，盐场村灶户盐工全部转为务农。

盐梦成真

盐是安宁的历史承载，是安宁的经济产业，更是安宁人的美好梦想。回顾安宁盐二千多年的历史，有过兴盛，有过衰落，更有过凤凰涅槃。

中华人民共和国成立后，随着全国社会主义改造的基本完成，工农业的不断发展，安宁化工厂、八街铁矿、王家滩铁矿、光明磷矿厂等的上马兴建，非农业人口的增多，安宁城区附近包括盐场村在内的一些村子，以及八街和草铺的个别村子，就由农业生产转为蔬菜生产，昔日的盐工当起了菜农，保障安宁地区非农业人口"吃菜"的问题。盐场村也由盐业生产转为蔬菜生产，整个村子也被一分为三，划为三个

蔬菜生产队。由于国家当时实行的是计划经济，所有蔬菜队的生产、销售，统一在政府计划指令下进行。菜队那时在得到国家按人口供给的粮食后，又要将这些粮食分作两部分来分配，一部分叫作"基本口粮"，按家庭人口分配；另一部分叫作"工分粮"，按照菜农劳动工分作为分粮的依据进行分配和计算。到了年底，菜队还会根据菜农家庭成员一年来所参加劳动的多少、得到的经济报酬进行"年底分红"。年底分得的那点钱，除了供子女上学费用，还要维持家庭一年的日常开销，日子过得真是捉襟见肘。

盐场村共有三个蔬菜队，大体上最南面的是一队，最北面的是三队，中间的是二队，在二十世纪六七十年代，全国风起云涌的"工业学大庆""农业学大寨"热潮，一时间席卷神州大地，大庆和大寨成了全国工农业战线上学习的典范和标杆。那时，盐场村三个队除了种菜之外，还搞起了水果种植、养鱼、养猪等副业，用实际行动积极投身到建设社会主义事业的滚滚大潮中，但这些副业并没有让盐场村的人民富裕起来。

直到 20 世纪 80 年代，随着国家改革开放政策的逐步深入，社会经济的不断发展，各种建设项目的扩大，安宁盐场村的土地一块一块地被征用，一些年轻人被安排进入厂矿、企业工作，更多的老人、小孩则从菜农转为城市居民。一部分人手中攥着征地部门给的土地补偿款，领着政府发的社会生活保障金，过起了城市居民的小资生活。也有一部分人迫于生计，凭借着血液里流淌着祖先们经商做生意的本能技巧，改行做起了餐饮、服务、小五金、修理、建筑、加工、运输等行业，如今依然可见改革开放后

20 世纪 80 年代盐场坝村

❶昆明盐矿生产的白象牌食盐
❷建设初期的昆明盐矿
❸昆明盐矿现代化厂生产区

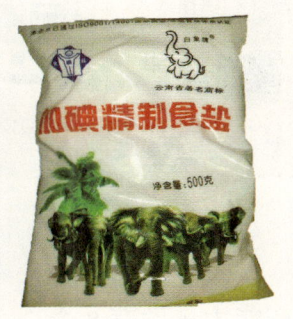

首先出道的那些盐场村人忙碌的身影。

与此同时，在市场经济的发展推动下，安宁盐业终于迎来了春蚕破茧的重要时刻。为适应国民经济发展的需要，加速云南轻化工工业发展，振兴云南盐业，是当时云南社会经济发展的重要战略。1982年，安宁青武山发现特大盐储矿。1988年，国家计委下发《关于昆明盐矿可行性研究报告的批复》，"安宁盐矿"正式改名为"昆明盐矿"。1989年3月，安宁盐矿矿山正式破土动工。1993年建成投产，1997年云南盐业总公司兼并，2002年云南盐化股份有限公司昆明盐矿挂牌成立。

在新一代制盐人坚持不懈的努力下，安宁盐矿在建设之初，就特别注重运用国内外先进的制盐生产技术。由于安宁盐矿是共生盐矿，是氯化钠和硫酸钠混杂共生的矿体，安宁盐矿开采采用地面钻井、水溶单井油垫对流法等先进工艺，直接从地下提取卤水，卤水车间采用冷冻法或热相律等先进工艺技术，提高产品纯度。同时，采用瑞士提供的"纯碱（Na_2CO_3）- 生石灰（CaO）- 烟道气12%（O_2）"方法进行净化处理等，有效地提高产品质量和降低能耗。

新一代盐人用"团结、奋发、向上、奉献"这八个字，坚持一步一个脚印，踏实稳健地向前迈进，铸就了新一代制盐人传统的精神。通过坚持不懈的研发和不断努力，1997年实现兼并当年就扭亏为盈经济目标。2002年，多品种盐、礼品盐相继面市。同年12月，昆明盐矿精制盐通过绿色食品认证，取得国家A级加碘精制盐绿色食品标志。2006年，云南盐化股份有限公司委托昆明盐矿对天塑分公司进行管理。至此，昆明盐矿已成为拥有年产13万吨聚氯乙

烯、10万吨烧碱、50万吨精制盐生产能力，设有8个分厂，共有职工近2000人的现代化大型企业。

　　回望安宁盐走过的两千多年时光，可谓历尽沧桑，有过唐代时期的兴盛辉煌，有过明清时代的衰落低谷，有过民国后期的苟延残喘，有过1939年洪灾劫后重生，如今在新一代盐人的努力和高科技技术的运用下，安宁盐业凤凰涅槃，破茧成蝶，安宁千年的辉煌盐梦再次成真。如今，云南盐化现有装置的年生产能力可达到年生产100万吨精制盐，13万吨PVC（聚氯乙烯），13万吨烧碱，12万吨电石，6万吨芒硝，产能达到了有史以来前所未有的高度。安宁盐走向全国、走进千家万户的伟大梦想正在一步步变为现实。

80万吨制盐生产装置

冶铁悲欢

冶金钢铁是现代工业的基础，是国力强盛和现代物质文明的标志。安宁冶铁工业的兴盛，给安宁经济社会发展注入了新活力，增加了新动能，开创了安宁现代化的第一个新时代。随着历史的发展进程，安宁冶铁工业的兴衰悲欢，以及五颜六色炫人眼目的冶铁故事，生动地演绎出一曲曲安宁冶铁工业发展的奋进之歌！

　　安宁不仅有悠久的盐业文化，还有深厚的冶金工业文化。安宁矿藏资源十分丰富，蕴藏有丰富的盐、铁、磷等矿产资源，不仅有一定的资源优势，还有着良好的工业技术基础，是云南滇中经济区的重要组成部分。可以说，安宁工业的发展进步，在云南经济的发展进程中起到了很好的引领、示范、推动作用。

　　钢铁，黑色金属，现代工业的基础，国力强盛和现代物质文明的标志。近代以来安宁除了兴盛的盐业，就是钢铁工业了。从20世纪50年代到80年代，以昆明钢铁公司为代表的一批国有大企业进驻安宁后，给安宁经济社会发展注入了新活力，增加了新动能，开创了安宁现代化的第一个新时代。可以说，在20世纪末21世纪初，只要提起说在昆钢工作，人们的羡慕和敬佩之情便会油然而生。

　　安宁的铁矿资源十分丰富，主要分布在八街、王家滩、龙洞等地，仅昆钢矿山基地探明储量就达1亿吨以上，其他小矿点更是星罗棋布，桃园哨拱山、雷打山的储量也在300万吨左

右，加之附近分布有耐火黏土等非金属资源，这给冶金工业基地的建设提供了有利条件。

昆钢前身云南钢铁厂

20 世纪 30 年代后期，在中国大地上进行着一场关系中华民族生死存亡的抗日战争。鉴于抗日战争对钢铁产品的大量需求，1939 年 2 月国民政府经济部资源委员会、军政部兵工署、云南经济委员会三方决定合资建设中国电力制钢厂（二〇八厂）。1939 年 11 月建设云南钢铁厂（二〇九厂）。1940 年，云南钢铁厂在安宁郎家庄征得 700 余亩土地，1941 年初开始建厂。起初由于材料十分短缺，加之时不时还会遭到日本敌机的轰炸，建厂工作并不顺利，建建停停，直到 1943 年 5 月 24 日 1 号高炉才得以点火投产，

❶ 20 世纪 70 年代的昆钢 1～4 号高炉群

❷ 1943 年建成的云南省第一座 71 立方米小高炉

❶建造中被日机轰炸后的小高炉

❷20 世纪 40 年代初，云南钢铁厂 1 号高炉出铁

日产生铁可达 50 吨。就这样，云南钢铁生产在艰难中起步，这便是昆钢的前身。

抗战胜利后，随着国家政治、经济重点的转移，云南钢铁厂按照资源委员会的命令，于 1945 年 9 月 22 日停炉。直到 1949 年毛泽东主席在天安门宣告中华人民共和国成立，新政权和新制度才使得一度只剩下 10 个留守人员，奄奄一息的"云南钢铁厂"获得新生。1950 年，以程鄂（30 年后任云南省冶金厅厅长）为首的军代表接管了云南钢铁厂，从此续写了云南钢铁厂新的篇章。通过采取外派学习、引进技术人才等手段，云南钢铁产量得以大幅度提升。1954 年，昆钢生产量达 11437 吨，此后的几年也逐年稳步增长。钢铁产量的提升，也带动了云南工业的起飞。

① 1958 年昆明某大炼钢铁的施工现场

② 1959 年电焊工们正紧张地焊接十吨转炉

艰难曲折圆梦路

1958 年，经济刚刚起步的中国掀起了全民大炼钢铁的狂潮。一时间，老的、少的农民、学生、商人、士兵等全部汇聚到昆钢，汇聚到炼钢厂，参与到大炼钢铁大战中。炼铁厂的职工骤然间由 1957 年的 300 多人暴增到近 3000 人，昆钢用来冶炼生铁的高炉由一座变为四座，总容积增加了 10 倍，生铁产量增加到了 23 万吨。昆钢的确大大发展了，跃进了，但这却大大违背经济发展规律，必然受到惩罚。随着全国性经济困难的出现，由于缺乏原料、资金等，甚至没有粮食吃，一大批当年的农民不得不离开炼钢厂回家继续务农。昆钢的 1、4、2 号高炉相继停产，生铁产量由 1960 年的 23 万吨降到 1962 年的 5.87 万吨，昆钢的炼铁事业由巅峰跌到了谷底。

在经历了"大炼钢铁、赶超英美"狂热的年代，饱尝了不尊重科学、不按经济规律办事的苦果后，昆钢该向何处去，一度成为昆钢人思考的问题。在"调整、巩固、充实、提高"方针的指引下，昆钢领导人决定从整顿生产环境、建立良好的生产秩序入手带领职工大搞文明生产。在这紧要的时刻，国家领导人朱德来到昆钢视察，并对昆钢在调整后的发展提出了先达到 30 万吨的要求。领导人的关心激励，极

❶油画《昆钢之战》(《云南画报》1959 年第 5 期)

❷1981 年从德国德马克公司引进的三机三流方坯连铸机，被冶金部领导誉为"连铸一枝花"

大地激发了昆钢人战胜困难的信心和决心。于是，他们坚持走向协作，学习国内好的钢铁企业的先进经验，选派一批工程技术人员、生产骨干到马钢、济钢、上钢学习取经。到了 20 世纪 60 年代中期，昆钢走上了正确、健康发展的轨道，并取得了良好成效。1965 年，工人劳动生产力比 50 年代末时期增长 113.66%，燃料消耗下降 22.5%。

改革开放春风吹来，炼钢厂得到恢复发展。1977 年，生铁产量比 1976 年增长了近一倍。为了实现四个现代化的目标，昆钢人同全国人民一道，开始了艰难而伟大的新长征。工程技术人员夜以继日地投身生产一线，抓生产、改工艺、提效能……各项工作沿着制度化、规范化、标准化、现代化的目标稳步推进，各项经济指标也发生了较大变化。

1980 年，炼铁厂实现扭亏为盈。1980 年到 1986 年 6 年间实现利润 4690 万元，超过当时炼铁厂全部固定资产的总和。1986 年，工人劳动生产率达到年均 673.81 吨／人，相比 10 年前增长了 4.6 倍。1977 年至 1986 年的 10 年间，昆钢生产生铁 420.05 万吨，是"文化大革命"10 年产量的 2.2 倍。

1988 年 8 月 5 日，大修改造扩容的 2 号高炉顺利点火开炉，随着"炉后微机自控上料""槽下筛分""热风炉空、煤气双预热""液压矮身泥炮"等先进设备和技术的运用，炼铁厂向着科技现代化的道路又迈进了重要一步。

1988 年、1990 年，昆钢炼铁厂的各项技术指标先后达到"省先进企业""国家二级企业"的考核标准，为昆钢实现"八八晋先、九〇达二"奋斗目标奠定了良好基础。

1990 年后，随着一大批先进工艺及技术装备在炼铁生产上的推广运用，煤粉喷吹车间的建成，富氧鼓风技术的使用，炼铁厂的使焦比大幅度下降，生铁产量也得以大幅度提升，昆钢逐步迎来大鹏展翅发展良机。

此后的几年里，昆钢炼铁事业迎来了几次大的飞跃。先

① 昆钢炼钢车间

② 昆钢彩涂板图

③ 20 世纪 90 年代建成
的六号高炉

是自 1996 年起，组织实施了"三三三"工程，即用 3 年的时间，投资 30 亿元，建成综合原料厂、第三烧结车间和 6 号高炉。再是在 1996 年 3 月 21 日，昆钢引进了卢森堡二手高炉设备。1998 年 12 月 25 日，6 号高炉点火开炉，6 号高炉有效容积 2000 立方米，成为我国西南地区最大、工艺技术装备最先进的高炉，圆了几代昆钢人的高炉梦，真正使昆钢炼铁事业实现了大飞跃。

进入 21 世纪以来，昆钢的炼铁事业向着更高的目标迈进。2003 年，昆钢同时在玉溪和红河建成了两个钢铁生产基地，在两地分别建成了两座 450 立方米的高炉。2004 年 7 月 22 日，昆钢第一条年产 120 万吨氧化球团生产线热负荷试车成功，正式投入生产。2008 年又在红河基地建成了一座 1350 立方米的高炉。目前，昆钢又在草铺新区建成两座 2500 立方米的大型高炉。

❶2007 年，昆钢集团与武钢集团对昆明钢铁股份有限公司实施战略重组

❷昆钢老厂区

风雨兼程　铁铸辉煌

俗话说："不经历风雨怎能见彩虹。"回顾昆钢从 1939 年开始建厂，因建于安宁桥头村，初名桥钢，规模甚小，走到辉煌的今天，可以说是一路风雨兼程。仅从历史沿革来看，就实属不简单。1939 年始建，1950 年 3 月，中国人民解放军昆明市军事委员会军代表进驻接管。1959 年 5 月 21 日，昆明钢铁厂更名为昆明钢铁公司。1992 年 11 月，昆明钢铁公司更名为昆明钢铁总公司。1999 年 9 月 29 日，昆明钢铁总公司改制为国有独资的昆明钢铁集团有限责任公司。2003 年 1 月，昆明钢铁控股有限公司成立。2007 年 8 月 1 日，昆钢集团与武钢集团战略合作重组昆钢股份公司。

昆钢公司所属厂矿主要有三部分，第一部分是公司本部，位于安宁城南螳螂川畔，包含有烧结、焦化、炼铁、炼钢、轧钢、耐火、动力、机修、建材、铁路及汽车运输等厂、处，产品可通过专线铁路和成昆、贵昆铁路运往全国各地。第二部分是昆明西郊片各厂，有团山钢铁厂、团山机械厂和铁合金厂，安宁地域的桥头村钢厂等。第三部分是各矿山，主要包括有王家滩、八街、罗次、上厂四个铁矿，以及龙山溶剂矿和白鱼口黏土矿两个非金属矿。

经过80多年的升级、转型、发展，昆钢已由最初单一钢铁制造企业，逐步提升发展成传统产业和新兴产业相结合的现代企业集团，主要业务涵盖钢铁冶金、现代物流、新型材料、装备制造、节能环保、水泥建材、煤焦化工、矿业开发、文化旅游、地产置业、养生敬老、电子商务、金融服务等产业，一度跻身中国企业500强之列。通过80年的发展，昆钢已发展成为云南省的支柱产业，在螳螂川畔、红河之滨、金沙江边、珠江之源、哀牢山和老君山下，建立起了多个现代化冶金和相关产业工厂等，生产建设取得了大飞跃，队伍素质得到了大提升，职工生活条件得到大改善，退休职工工资从最初的几百元，增长到现在的5000元以上，职工住房由原来的十几平方米，到现在住的是高层单元楼……这一切都是昆钢人的骄傲。

"十三五"以来，昆钢始终坚持以"四个全面"战略布局为统领，认真践行"创新、协调、绿色、开放、共享"五大发展理念，按照"钢铁筑基、多元并举、产融结合、绿色发展"的发展战略，加快推进昆焦转型项目、本部环保搬迁及转型项目，做优做精钢铁等传统产业，统筹推进现代物流电商产业、新材料产

昆钢重装集团与德国海瑞克公司合作制造组装的盾构机"春城2号"

业、节能环保产业、先进装备制造产业和现代服务业，形成了具有昆钢鲜明特色的发展格局，大大提高了昆钢的市场竞争力，主动服务和积极融入国家"一带一路"发展战略，进一步提升了安宁在滇中经济区中的经济地位，为促进云南经济社会发展做出了新的贡献。

近年来，昆钢人认真贯彻落实党中央、国务院关于推进供给侧结构性改革、化解过剩产能的决策部署，按照云南省委、省政府提出的要求，持续认真落实去产能、去库存、去杠杆、降成本、补短板五大任务，全面推进优化存量、引导增量、主动减量等工作，大力实施创新驱动发展战略，加快调整产业结构，培育发展新产业，取得良好成效。

丰富矿产的奋进之歌

盐铁自古就是政府财政经营的"双足之尊"，远在齐桓公时代，"官山海"的思想与政策已将盐与铁放在了增加财政收入的重要地位，而在西汉桓宽记录"盐铁会议"的名著《盐铁论》面世后，"舒六艺之讽，论太平之原"，盐与铁几乎已成为国家国有经济与私营经济交相辉映的代称，桑弘羊与贤良文学思想交锋折射出中国数千年经济发展的曲折道路。

盐铁名城的安宁，同样有盐与铁的历史悲欢，而炼盐与冶铁的背后，随着历史的进程，又浮现着五颜六色炫人眼目的冶矿故事。盐铁的背后，磷、钛、锡、铜、锌、铝、硅等丰富矿产，又演绎着一曲曲矿业发展的奋进之歌。

安宁市自然资源十分丰富，矿产资源主要有磷、盐、铁、钛、锡、铜、锌、铝、硅、铝土矿、石英砂、石灰石、白云石及花岗岩等。境内盐矿储量 136 亿吨居全国内陆型盐矿第二，平均品位 58.8%，仅次于青海；钙芒硝储量 76 亿吨，平均品位约 23.3%，居全国储量前列；磷矿储量 9.2 亿吨，铁矿储量 5200 亿吨。除了盐和钢铁业，磷储藏也

是安宁主要优势资源之一，磷化工业也是安宁工业的重要组成部分。安宁境内的大型磷矿床不仅储量丰富，品位高，而且埋藏浅，易开采。仅在鸣矣河、县街、八街、草铺等地探明磷储量达7亿吨以上，且平均品位达到30%左右，有着良好的开采条件，并可适应不同的加工工艺流程。这就为安宁磷化工业的发展奠定了良好基础。安宁一度很快发展成为全云南省磷肥工业基地之一，有效带动了电力、铁路、煤焦、机械、建材及第三产业的发展。经过几十年的发展，如今的安宁已形成了以磷为原料的磷肥及磷化工产业，为促进安宁的经济社会发展发挥了积极的作用。一个以钢铁、磷工业为主要产业的"金色安宁"正以崭新的面貌展现在世人面前。

昆钢集团草铺项目

璀璨的石龙坝水电站

石龙坝水电站曾创下了中国水电站的"第一"。石龙坝水电站于清光绪三十四年(1908年)，由昆明商人王筱斋为首继承其父王兴斋遗愿招募商股、集资筹建，征占民国安宁县第二区普河乡三义河村及俗美乡妥乐村土地（摘自《耕地税额清丈耕地册》）是中国最早的水电站。如今已有100多年历史的石龙坝水电站，仍有四个车间在正常运转，创下了我国水力发电站发展史上的又一个奇迹。

在安宁的历史上，有着不少中国第一，其中就有中国第一座水电站。也许很多云南人都不知道，中国第一座水电站就在昆明，就是距昆明40多千米的安宁九子母山青鱼村的石龙坝水电站。石龙坝水电站位于螳螂川上游，从建站到21世纪初期一直隶属于安宁市管辖，后因行政区划调整现归西山区管辖。

螳螂川是滇池的唯一泄水通道，从滇池出口到石龙坝一段，坡陡流急，集中落差30余米，这就给建水力发电站提供了有利条件。石龙坝水电站正是以滇池为天然调节水库，利用该段较集中落差兴建的引水式水电站，至今已有100多年的历史。

中国第一座水力发电站

石龙坝水电站是在清光绪三十四年（1908年），由昆明商人王筱斋为首继承其父王兴斋遗愿招募商股、集资筹建的。起初建站规模很小，也就是后来说的水电站一厂，引水渠长1478

勘察选址（雕像）

米，利用落差 15 米，引用流量 4 立方米／秒，安装两台向福伊特订购的、单机容量 240 千瓦的水轮发电机组，用 22 千伏输电线路向昆明市供电。

1909 年，云南最大的商户、"钱王"王兴斋之子王筱斋联络了 19 位商业同人，要求成立一家股份公司来办电业。官府同意，清朝末代云贵总督李经羲批复："从今起，二十五年内不许外人来滇办电。"

1912 年 5 月 28 日晚，耗资 50 万银圆的水电厂建成，两台向德国福伊特定制的机组正式发电。昆明各界人士汇集于翠湖海心亭，庆祝石龙坝水电站通电开灯。当时市民仍比较迷信，装用电灯的人较少，电厂联合耀龙电灯公司，以"免费装灯头"搞推销，尔后电才在昆明渐渐普及。起初，石龙坝水电站起名"耀龙电灯公司石龙坝发电厂"。

随着用电量的增大，电站发电量难以满足昆明地区的用电需求，1932 年，电站对一厂进行了扩建，增设一台 720 千瓦机组。1935

中国第一座水电站（石龙坝水电站）

年又将最初最先安装的两台 240 千瓦小机组拆除，增设第二台 720 千瓦机组，使一厂最终规模达到 1440 千瓦。由于一厂只利用落差 15 米，仅为河段总落差的一半，故在 1924—1939 年间，又引用一厂尾水，再利用落差 15 米，先后建成二厂和三厂，装机容量分别为 1000 千瓦和 480 千瓦。石龙坝水电站经过三四十年新建、扩建和改建，到 1949 年，全厂总装机容量达到了 2920 千瓦。

1949 年后，在政府部门的大力支持下，再次对石龙坝水电站进行了彻底改造。另外新建了厂房，由原来的两级开发改为一级开发，将原来的 7 台小机组拆除，改为两台单机容量为 3000 千瓦的机组，全厂总装机容量达到 6000 千瓦。

随着新中国的成立，我国各项事业的稳步推进，结合云南电业的发展需要，1950 年 7 月，耀龙公司与昆湖电厂合并，成立了"云南省电力工业管理局"，统一管理全省的电力工业，进一步理顺了电力管理工作，为行业又好又快发展提供了有力保障。

1954 年新厂房建成，安装第一台瑞士产的机组投产，1958 年 7 月 1 日第二台中国产机组发电。改建后的电站利用落差达 31 米，引用流量达 24 立方米 / 秒，发电量得以大大提升，发电机组运行至今。

弹指一挥间，100 多年过去了，石龙坝水电站依然静卧在一片葱翠的树林里，随处可见老的机房，青色砖墙，拱形窗，让人仿佛回到了 100 多年前。尽管已有百岁年龄，那台泛着青铜色光芒

的德国机器仍能发电。2006 年 5 月 25 日，石龙坝水电站被国务院批准列入第六批全国重点文物保护单位名单。2009 年 7 月，石龙坝水电站已更名"华电云南发电有限公司石龙坝发电厂"。2018 年 1 月 27 日，入选中国工业遗产保护名录（第一批）名单，同年 11 月，入选第二批国家工业遗产名单。

历史的见证者

走进水电站的大门，映入眼帘的是"中国第一座水电站欢迎你"的字样。经历了百年岁月沧桑，水电站的老办公楼依然屹立，现已改为博物馆。古色古香的四合院，院里的水井、木质楼梯、废弃的机器，石缝中长出的小草，无不告诉你它已有百年的历史。

在建站之初，法国人借修建滇越铁路需要用电为由，胁迫滇政府准其在滇池出口的螳螂川上游建水电站，目的是要掠夺云南更多

❶第一台水力发电机所购贸易商行的铭牌

❷石龙坝水电站第一车间

❸石龙坝水电站第一车间（外景）

的资源，控制住云南乃至中国，遭到了云南的爱国商人的强烈反对，但清政府已处于风雨飘摇中无力修建，后由爱国有志的商人集资、商会担保借款的方式，才凑足资金修造电站。当年从德国购买的西门子水力发电机，已经100多年了，现在依然还能使用，堪称"骨灰级"水轮发电机，发电机身上清楚地写着"德商礼和洋行经办"字样。门口现还存有当时建成时的一副对联："机本天然生运动，器凭水以见精奇"，横批为"皓月之光"。

据资料记载，石龙坝电站起初运行仅三四个月，昆明市连入的电灯数量就达到了3000盏。石龙坝水电站不仅让昆明老百姓见到了电灯，还推动了云南现代工业的发展。

在石龙坝水电站的修建和发展历史中，经历过更新升级，也有过坎坷沧桑，曾一度被迫停机。

而在2004年5月，充沛的雨水并未让迎来黄金生产季节的水电站工人喜笑颜开。由于螳螂川上游的几家企业排污超标，致使水电站的转轮被严重污染，转轮叶腐蚀断裂，就连拦河坝的石壁都被腐蚀得漏水。在抗日战争中也未曾倒下的中国第一家水电站，却因为污染被迫停机。遭受重创的石龙坝水电站最终只拿到了两家企业的4万元赔偿金，这些钱连维修受腐蚀的转轮都不够。直到2007年，石龙坝水电站才还清了贷款，情况逐渐好转。

"事非经过不知难。"尽管经历了困难挫折，但在国家和地方各级政府、部门的共同努力下，如今的石龙坝水电站依然屹立于螳螂川上，发电机组依然在正常运转，依然在为国家的经济社会发展做着贡献。

如今，从100多年历史沧桑中走来的石龙坝水电站仍有四个车间在正常运转，创下了水力发电站发展史上的一个奇迹。

飞来池

抗日战争时期，石龙坝水电站从1939年到1941年遭到过四次轰炸。在1940年12月16日上午9时40分左右，7架日军飞机飞至石龙坝上空，投放了9枚炸弹。其中一枚重型炸弹在第一车间20米处爆炸。爆炸产生的弹坑最深处达5米，直径20多米。新中国成立后，曾一度将弹坑开挖整平成藕塘，因其形状椭圆，状似荷叶，曾叫"荷花塘"，又因曾在里养过牛蛙，也叫"牛蛙塘"。1993年加盖凉亭，建成公园。凉亭有一副联语：电站虽小历史悠久开中国水电之始，水塘不大成因奇特记东瀛入侵之证。横题：飞来池。后来人们便把"荷花塘"改叫"飞来池"。

飞来池简介

抗日战争时期，石龙坝水电站由民用供电转为军工生产和昆明防空报警电源供电。1939年至1941年曾遭日本飞机四次轰炸。1940年12月16日上午9时40分左右，日机投下1枚燃烧弹和8枚重型炸弹，燃烧弹落在办公楼附近未爆炸，1枚重型炸弹落在一车间20米远处爆炸，弹片、飞石打烂门窗玻璃30多处，另有7枚分别落在田间山坡爆炸6枚，二车间房顶被飞石打穿一个洞，弹片击伤一名工兵和机务员。

"飞来池"是炸弹集中爆炸后留下的弹坑遗址，弹坑深处5米多，直径20多米。解放后在开展生产自救年代，将弹坑开挖平整成藕塘，因其形状椭圆，似荷叶一般，一段时间叫"荷花塘"，后用条石镶砌养过牛蛙，也叫牛蛙塘。

1993年加盖凉亭建成公园供养鱼垂钓休闲。云南省水电设计院周正家设计，云南省著名书法家和启圣书：上联：电站虽小历史悠久开中国水电之始，下联：水塘不大成因奇特记东瀛入侵之证，横批："飞来池"故而得名。

解放初期石龙坝发电厂职工的中华全国总工会会员证

六个中国第一

"中国第一座水电站""中国第一条高电压输电电路""中国第一支电力营销队伍""中国第一座抽水蓄能电站""中国最早的电力法规""中国最早电力设备国际招标",石龙坝水电站创造了中国水电建设史上的"六个第一",是中国工业百年发展进程的见证者、开创者。从石龙坝水电站开始发电的那刻,昆明的夜空第一次被电灯点亮的那刻,便拉开了云南水电利用的序幕,开创了云南工业发展新的篇章。

石龙坝水电站是中国第一座水力发电站。抗日战争期间,日军于1939至1941年先后4次轰炸石龙坝水电站,未能破坏供电,电站为抗战胜利做出了应有贡献。鉴于石龙坝的历史意义和价值,1993年被云南省列为省级重点文物保护单位,1997年成为云南省爱国主义教育基地。石龙坝水电站入选第六批全国重点文物保护单位后,国家有关部门高度重视石龙坝水电站的管理、保护工作,并下拨了专项资金对石龙坝水电站进行文物修缮,这对石龙坝水电站今后的保护、利用奠定了良好基础。

尽管石龙坝水电站不再隶属安宁市管辖,但它却与安宁有着不解之缘,情同手足。安宁见证了它的发展成长。正是在安宁管辖时期各级政府、部门领导的关心、支持和帮助,石龙坝水电站才战胜了一个又一个困难,渡过了一个又一个难关,在生产遭受最艰难的时期,也创造出了属于自己的成就。是它拉开了中国人民利用水电资源的序幕,开启了西南地区现代工业的发展之路。如今,石龙坝水电站依然是螳螂川上的一道亮丽风景,蕴涵着中华民族最深邃的水电利用文化,已成为广大人民群众爱国主义教育的红色基地。每天来这里旅游参观的人络绎不绝,石龙坝水电站正以其独特的底蕴在新时代继续散发出皓月之光。

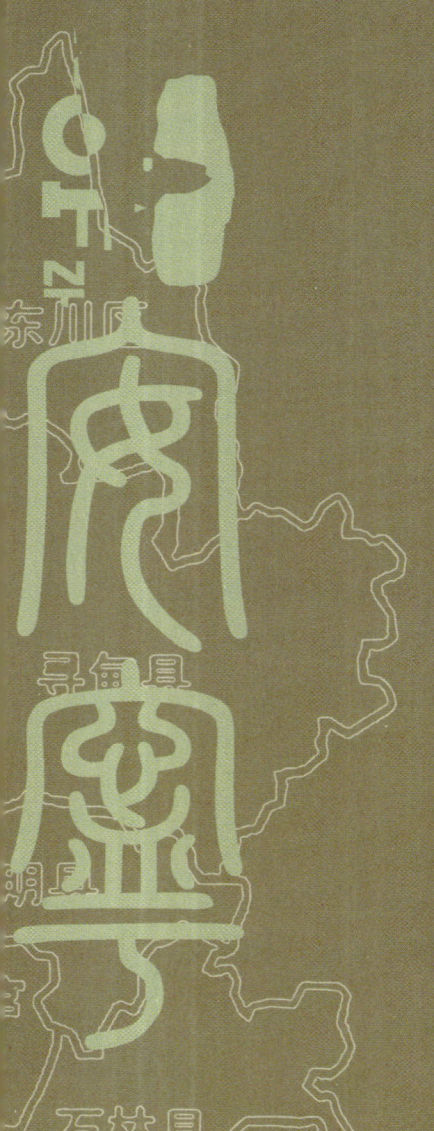

第二章

"天下第一汤"

——镶嵌于螳川大地的金纽扣

安宁温泉,特色旅游小镇,以"天下第一汤"名扬天下。近代以来,安宁市依托温泉丰富的地热资源、森林资源、人文景观和自然景观等,围绕以温泉中心、开发新区、改造老区、辐射发展的开发战略,以新思路、高起点、环境美、有特色的开发要求,在原有设施的基础上,突出发展以水为特色,以温泉为中心,以螳螂川周边为辐射的特色旅游开发建设,打造集旅游度假、娱乐疗养、会议服务于一体的风景旅游度假区。如今的天下第一汤、摩崖石刻、曹溪古刹、螳川仙境……犹如螳螂川大地一颗颗璀璨的明珠,在滇中大地上闪闪发光。

温泉摩崖石刻（摄于 20 世纪 30 年代）

天下第一汤

安宁温泉自古就有"天下第一汤"之美誉，正因为如此，备受名人志士推崇。这其中，著名地理学家、旅行家徐霞客和"一代文宗"杨慎两位重要人物对安宁温泉的推介，对安宁温泉的声名远扬发挥了很重要的作用。如今的安宁温泉，已是云南特色旅游小镇规划示范工程、全国文明小镇先进镇……安宁温泉这朵灿烂文明之花正在滇中大地绚烂绽放。

"走，到安宁泡温泉去。"每到周末或节假日住在安宁周边的人们都会相约去安宁温泉泡澡、休闲、娱乐、美食。昆明周边有温泉的地方很多，但要数安宁温泉的水质、餐饮、住宿等条件最好。因此，随着人民生活水平的提高，安宁温泉成了现代人周末娱乐、休闲的好去处。为何如此？这还得从头说起。

安宁市地处昆明西郊，温泉镇位于安宁市城北 7 千米，距省城昆明 39 千米。安宁温泉旅游小镇是云南省 60 个特色旅游小镇之一，安宁温泉是昆明滇池国家级风景名胜区之一，以"天下第一汤"名扬天下。

❶天下第一汤
❷天下第一汤（民国时期）

❶郭沫若题安宁温泉
❷安宁温泉

安宁温泉的悠久历史

　　相传安宁温泉的开发利用始于东汉初期。

　　据说在安宁温泉的不远处，有云涛寺和火龙寺。云涛寺建筑在环云崖上，树木荫翳，殿宇清幽，螳螂川前横，葱山如屏，江流甚急，澎湃有声；火龙寺在云涛寺的北面，也建在山上，登山入寺，鸟瞰附近山川，则了如指掌。据火龙寺中的《先王先帝考碑》记载：东汉光武建武中元丙辰年（56年），汉朝有名将领苏文达，跟随伏波将军马援南征交趾，后来因为瘴气所袭，士兵患病，留滞滇中。有一次偶尔经过新罗邑（安宁附近），与当地郡主阿树罗相遇，两人一见如故，结为莫逆之交。从此，他们时常饮酒行乐与宫寝花下，纵马踏花于螳螂川畔。有一天来到葱山（今称龙山）顶上，看见凤岭（今称凤山）下面白气氤氲，蒸腾不绝，遂率侍从纵马寻源。寻至螳螂川东岸，见多处温泉水从石缝中汩汩涌出，在凹处汇集成池。这泉温热湿润，玲珑剔透，清洁如镜，绿如碧玉，后来称此泉为"碧玉泉"。苏文达见状十分喜爱，乘兴沐浴后顿感身体舒畅。此后，常常偕友前来沐浴。时间久了，苏文达所患瘴疾痊愈。当地老百姓听说后，争先恐后来此沐浴。从此，安宁的温泉逐渐被开发利用。这也正是 1961 年郭沫若到安宁温泉

安宁森林温泉

时，题温泉宾馆诗中"泉号安宁水甚温，汉时开拓忆苏文"的典故的由来。

安宁温泉见于记载，最早是在元代。据《大元混一方舆览胜》"安宁州"记载："云南诸郡，汤池17所，惟安宁州者最。石色如碧玉，水清可鉴毛发，虽骊山玉莲池远不及。"元刑部主事赵琏（字伯器）有《温泉漱玉》诗一首："泉出温泉最，潜阳溢至和。益温深在沼，清沘泲盈科。下土丹沙伏，傍崖碧玉磨。气暄移火井，色莹转银河。洗濯空炎瘅，径行入雅歌。远人沾惠阳，此去足恩波。"此诗对安宁温泉在当时人们心目中的地位、泉水的温暖清盈、碧石如玉与水光斗奇、明沙净砾清澈见底、浴后能治炎瘅等等，都做了描绘和艺术的概括。由此可见，在元代，安宁温泉就已经开始被开发利用了。当然，这也与安宁当时的盐业发达、商贸繁荣、经济活跃有一定的关系。

历史名人的推崇和赞誉

安宁温泉的天生丽质，温馨美丽，虽发现较早，但毕竟由于其地处边陲，并不为人所熟知。元朝以前只是露天的一个水塘，元末时才盖上数间茅屋。所以，安宁温泉的真正扬名开始于明代。明永乐年间李绥加以修建，当时的情况是"塘可半亩，碧玉居其中，水没其上尺许，浴者辄浮水坐碧玉上为快"。明成化时当地著名的政治家和文学家杨一清在他的《温泉游记》里说："温泉螳螂川胜景，天下驰誉，泉之微妙，不尽其说。"

当然，安宁温泉之所以能够扬名云南甚至全国，这得益于两个重要人物的推介，一是我国著名地理学家、旅行家徐霞客，他评价安宁温泉为"余所见温泉，滇南最多，此水实

安宁温泉

莫诊六国黄金印
未试三迤碧玉泉

董必武
一九五九年
十月

董必武题词

为第一池，此处不可不浴"。二是诗人杨慎的推崇和赞誉。明朝永乐年间，一个叫李绶的贤达，在建于元代温泉边上的几间茅屋的基础上加以修建成可休闲、可浸浴的泉池。杨升庵（即杨慎）在云南谪滇期间，多次到这里泡浴。杨慎是明代中叶的名士和诗人，游览或间接、直接地了解过国内不少温泉，诸如新丰的骊山、凤翔的骆谷、关中的郿县（现宝鸡市）、蓟州的遵化、新安的黄山、和州的香陵、闽中的剑蒲、惠州的佛迹崖、渝州的陈氏山居等处，也对三迤的宁州、白崖、浪穹、腾冲、永昌（今保山）等地的温泉状况比较了解。与这些地方的温泉相比，他特别推崇安宁温泉，认为国内各大名泉都不及"碧玉泉"，并亲笔手书"天下第一汤"五字于泉区。他在自己的《咏温泉诗并序》中，称道安宁温泉有七大优点："此泉特皓镜百尺，纤芥必呈，一也；四石壁起，中为石凹，不烦甃礲，二也；浮垢自去，不待拂拭，三也；苔污绝迹，不用淘漉，四也；温凉适宜，四时可浴，五也；掬之可饮，龙发茗颜，六也；盛酒增味，治疱省薪，七也。"概括起来讲，就是泉水澄清，天然石凹，浮垢自去，不积污垢，温凉适宜，可以沏茶，宜于烹饪，这是对安宁温泉很高的褒奖和赞叹。安宁温泉是"天下第一汤"的说法并非溢美之词。

从此之后，安宁温泉名扬天下，对温泉的题赞如"水之圣""城外华清""春回太液""太和元气""胜地名泉"等，不可胜数。历代文人也在此吟赋了许多诗篇称赞安宁温泉："天下果然第一汤，升庵先生无虚奖。""地灵此地胜瀛州，暖比春温洁比秋。""仿佛玻璃漾水晶，宛若珠玑盛琥珀。"

等等。1962 年，董必武来温泉题诗曰："莫夸六国黄金印，来试三迤碧玉泉。"郭沫若来此也赋诗称颂。人们对安宁温泉的推崇、盛赞，由此可窥见一斑。

周恩来总理的关心与指示

安宁温泉泉水功能甚多。安宁温泉源出石灰崖壁，较大的出水口有九处，每昼夜涌流 1000 余吨。水温在 42℃至 45℃之间，泉水清澈碧透，水质柔和，物理化学性质良好，含碳酸钙、镁、钠和微量放射性元素，属碳酸泉类。碳酸是弱酸，含量低，加上其中含有的可溶性矿物，因此甘芳可口，对人体有好处，尤其能治慢性疾病。泉水集三大功能于一体，安宁温泉名气虽大，却由于"此地限阂中原"而沉寂了 300 多年。直到中华人民共和国成立后人民政府拨款修建，安宁温泉才得以旧貌换新颜。

从 1955 年至 1972 年，周恩来总理先后 4 次来到安宁温泉，做出了"要很好利用温泉水为人民服务"的重要指示。在周总理指示的激励下，安宁人随即对安宁温泉进行严格的科学管理，经 24 小时培养无杂菌生长，使泉水达到清晰透明、无悬浮物的状态。如今，安宁温泉区内有民族风格的宾馆、设施完备的疗养院、大型商场及饭店，是鸟语花香的旅游休闲胜地。据悉，安宁温泉疗养院还有高中频电疗、静电治疗、光疗、按摩、针灸、脉冲水疗按摩机等，水疗有全身浸浴、半身浸浴、上行沐浴、周围淋浴、雨状浴、雾状浴等，成为休闲、养生、治疗一体的温泉度假区。

来安宁温泉不单单可以泡澡、休闲，放松身心，还可以在泡澡之余观光旅游，欣赏大自然的美景。安宁温泉所在的周边自然旅游资源和人文旅游资源都异常丰富，有许多名胜古迹，有一六街乡恐龙化石保护区、太极山汉墓、温泉摩崖石刻等。一川之隔还有国内著名的曹溪寺，有天涵宝月、圣水三潮、珍珠泉等旷世奇观。

温泉八景惹人醉

在安宁温泉周边，景色秀丽，风光宜人。古时候就有温泉八景：

一景曰"冰壶濯玉"。入泉沐浴，人如白玉。

二景曰"龙窟乘凉"。温泉左侧有环云等石洞，夏季极凉，避暑其中，极其爽快。

三景曰"春圃桃霞"。葱山一带多桃树，初春，桃花盛开，有如数里晴霞。

四景曰"晴江晚棹"。螳川浩荡，每当傍晚，江涛树影中归帆点点，烟云氤氲中顺流而过。

五景曰"烟堤听莺"。自碧玉泉至"渐入佳景"（原停船处）一段，岸柳拖烟，古树荫翳，清晨黄昏，春花秋月，莺声鸟语，不异笙簧。

六景曰"山楼看雨"。水光潋滟，山色空蒙，登楼远望，清新秀逸。

七景曰"云岩御风"。浴后登岩漫步，如凭虚御风，有飘然羽化之感。

八景曰"溪亭醉月"。溪边长亭玩月，与醉石、醒石共卧于水光岩影之间。

景由心造，心为景动。如今，如果选择在不同的季节去安宁温泉旅游、休闲，时机适合，这些景致均能让你尽情领略，让你舒心、铭记、回味。

温泉明天更美好

近年来，安宁温泉依托丰富的地热资源、森林资源、人文景观和自然景观，吸引和接纳了许多古往今来的黎民百姓、名流学者、英雄模范及中外国家领导人和高层人士。新中国成立后，先后有贺龙、周恩来、宋庆龄、朱德、陈毅、邓小平、董必武、萧华、彭德怀、陆定一、郭沫若、刘少奇、王光美、彭真、薄一波、胡耀邦、李先念、班禅额尔德尼·确吉坚赞等，以及缅甸总理吴努、奈温将军，印度总理尼赫鲁，柬埔寨西哈努克亲王、宾努亲王，老挝的坎苏高拉，越南的胡志明、范文同、武元甲、黎笋和文进勇等人，先后来这里游览、疗养。他们的游踪和留下的题联诗画，为温泉增添了不少光彩，也是安宁温泉宝贵的文化财富。这些都为安宁温泉充分发挥其休闲、疗养、度假、观光、娱乐、会议等服务功能，更好地服务和促进安宁经济社会发展增加了新活力、注入了正能量。

安宁温泉，这是一片荡涤心灵的绿色沃土，一块滋养身心的栖居之地。在这里，没有嘈杂和喧闹，只有舒适与幽静；在这里，没有奔波和疲惫，只有安心与松弛；在这里，没有电话和应酬，只有休闲与享受；在这里，没有单调和枯燥，只有温泉与美景。如今的这里已发展有空气浴、森林浴、中药浴、牛奶浴等在内的各种温泉，如今的这里已是云南特色旅游小镇规划示范工程。2015 年，"天下第一汤"荣获中国金汤奖十佳温泉品牌称号；2016 年 4 月，安宁温泉镇被列入云南省 7 个一类旅游小镇，先后荣获"国家生态镇""国家卫生镇""全国文明小镇先进镇""云南省生态镇"等荣誉称号。我们有理由相信，安宁温泉未来有着更加美好而广阔的发展前景，安宁温泉这朵灿烂文明之花一定会在滇中大地绚烂绽放。

摩崖石刻

安宁温泉自古以来就颇负盛名，"天下第一汤"并非妄称，来安宁温泉旅游、休闲的人，自然少不了在这里逗留观光，欣赏温泉周边的美景，品尝这里的美食。不过，可能还有人不知道，在温泉南面，数十米长的环云崖上，历代韵士的摩崖石刻荟萃成文海艺舟，更让人感慨称叹。

艺术精湛的石刻长廊

温泉摩崖石刻群由悬崖绝壁、溶洞群落、飞来怪石、香炉石、先生坡、惠风亭、"七窍通天"等石群组成。200多米长的崖壁上镌刻着明清以来各时期文人墨客、绅士名流、书法名家游温泉所题的诗词书画、留言隽语。这些题于环云崖上的石刻有170多幅，或大或小，或粗或细，行、楷、草、隶、篆等书体，应有尽有，笔力遒劲，气势磅礴，形成不可多得的石刻长廊。从石刻群中让人们既能了解温泉历史，还给人以书法艺术的享受。这些内容丰富、规模宏大的摩崖石刻群，现已被列为全国重点文物保护单位。

摩崖石刻题刻以明正德十六年（1521年）右副都御使兼云南巡抚何孟春所题"听泉"为最早，次之为杨慎的"不可不饮"。此二人题刻，徐霞客在其游记中认为皆系真迹，只是后者镌石不佳，但也意义不凡。

有两块传说中的"醒石"和"梦石"巨大卧石仍安卧于此，似乎时刻在点化世人，唯有读书方能进步，唯有学习方能强国。关于

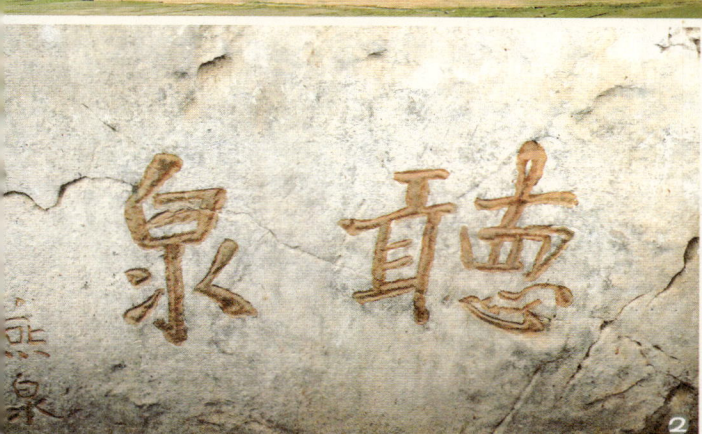

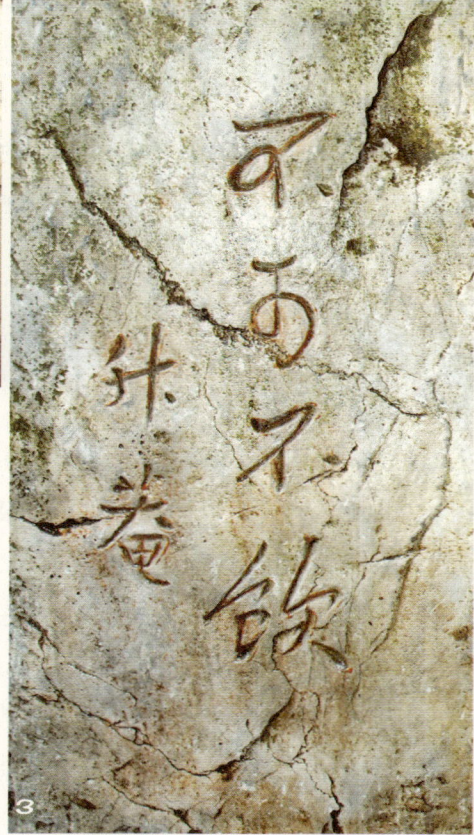

❶ 摩崖石刻题刻以明正德十六年（1521
年）右副都御使兼云南巡抚何孟春所题
"听泉"为最早，次之为杨慎的"不可不饮"

❷ 听泉（明）

❸ 不可不饮（明）

"梦石"，著名人士在石壁留诗道：薄书卸却免牢形，无那轮蹄未得停。妒尔长眠终日醉，问君大梦几时醒？滔滔游水因人热，而而疏峰照眼青。手种新蕉和夜雨，谁来支枕隔窗听？"醒石"上亦有崇祯四年（1631年）任云南巡按姜思睿的一首题诗：怪世尽颓倒，而尔何独醒？山水无嚣嚷，泠然足幽听。这些都让人印象深刻。

在摩崖石刻群中，有一幅1938年由我国著名画家张善孖所作的虎啸生风图，寓意中国人最终将战胜日本侵略者。画家以满腔的爱国热情，怀着对日本侵略者的切齿仇恨，每天早出晚归，不怕风吹日晒雨淋，整日登梯作画。这样寓意的名家之作，在这里还不止一处。在温泉地名标志南20米处的公路旁，有一堵五光十色、奇石林立的飞岩峭壁上题有"飞岩"二字。这是1937年原滇军六十军一百八十三师少将旅长、安宁八街人陈钟书所题，喻此岩峻峭挺拔，好似在空中飞行。如今有少许字在被扩修公路时已湮灭。

九曲龙窝与"玲珑玉"

在"飞岩"以北10米左右的悬崖下，有一组深邃互通的溶洞群，主洞宽敞平滑有百余平方米，来这里游玩的人总会忍不住留足观看，对洞内心生好奇。明万历戊午年（1618年），岭南斗野题有"九曲龙窝"，喻此洞为神龙盘踞之地，当然神龙只是传说。当年地理学家、大旅行家徐霞客来这里旅游，他沿螳螂川岸北行，由"中空如井"的"七

❶ 玲珑玉
❷ 九曲龙窝

窍通天岩洞"中"从级坠井下",到达螳螂江边。由于走的路线刚好错过这个石刻,没有发现这个岩洞。但当他乘船过江到对岸后,回身猛然间看到"青龙洞"和"九曲龙窝"两处石刻后,顿觉心旷神怡,连声赞叹不已。据说,当时还有一个随行的本地人告诉他说:这里有两个很深的洞,洞中漆黑无光,一般要点着火把可以进去四五里。至于徐霞客最后进没进去这两个洞游玩,我们不得而知,但也给这两个洞增添了不少神秘色彩。

在"九曲龙窝"的北面 20 米处,有一个小溪谷,石上刻有"寒谷"二字。在谷中有一洞被一钟乳石柱分隔开来,一面是水径,可允许多人附身进入洞中。一面为旱径,仅能单人弯腰通过。此洞深不可测,且洞内寒气逼人。清康熙三十三年(1694 年)九月,贵州布政使石文晟升授云南巡抚记载:"此洞深不可测,内有碧玉,上含清泉。每遇雨多流水,其寒冷沁人心肝,故称寒谷焉。"

在寒谷北面 5 米的地方，有一处形如血玉的石壁，上面题有"玲珑玉"三字，是清康熙庚午年（1690 年）任云贵总督范承勋所题。在"玲珑玉"旁边有一钟乳洞，洞口扁平，洞内有十余平方米，有一人多高，洞里分为两叉，洞深不可测。此洞唯一令人称奇的是，至今洞内钟乳石上滴下来的水，依然有着拭目明亮的功效。如果拿来熬制中药，将大大增强药效。

像这样的石刻还有很多，如"云窝""藏修游息""秘探龙威""峭骨嶙峋""刘阮误处""螳川仙境""振衣濯足"等，这一幅幅匠心别具的石刻作品，就如同一件件珍奇的历史文物，不失为意蕴深长的人文旅游景观。面对环云崖"大块文章"，无不使人"醒醉其间"，不仅让人"爽心豁目"，更让人增长见识。漫步于这样"螳川仙境"的"宇宙奇观"里，怎能让人不"一步一流连"。

宇宙奇观　螳川仙境

升级为文物"国保"单位

这些石刻书画作品中，石刻观音应为摹刻唐代画家吴道子之笔，环云崖洞中的禹王碑摹刻据说来自夏代的蝌蚪文，"虎啸生风"猛虎图则出自著名画家张大千之兄张善孖之手。石刻文体中有诗词、联句、铭文、妙语、题记、命名等等，不一而足，文辞优雅，内容多属赞颂温泉山水之美，其中也不乏针砭时弊之作。书法中，有楷有草，有隶有篆，或疏落豪放，或秀雅端庄，或笔力遒劲，气势磅礴，从中既能让人了解温泉的历史，也给人书画艺术美的享受，为游人添兴，使山水增色，令人流连忘返。由于石刻具备历史、书法、艺术、科学等多方面的价值，1985年，温泉摩崖石刻群被公布为县级文物保护单位，2003年被公布为云南省级文物保护单位。

相关部门正拟对它们进行历史上最全面、专业的修复，除了对受污染的石刻进行尽可能的无损清洁，去除覆盖在石刻表面的人为污染物，恢复石刻原有风貌外，还将采用进口高分子材料对存在病害的石刻进行加固和处理，并采取封护措施，以确保温泉摩崖石刻群这个"书画文学艺术大观园"能世代保留，活色生香。

2019年5月17日，文化和旅游部、国家文物局专家对安宁摩崖石刻群进行了实地复核。国务院于2019年10月7日核定并公布温泉摩崖石刻群成为第八批全国重点文物保护单位，是安宁市第四个国家级重点文物保护单位。

曹溪古刹

从安宁温泉穿过螳螂川大桥，向南折回，沿着山缘走不了多远，只见：树走云迎客，花飞鸟解颜，渐闻钟磬响，山间古寺观。这便是曹溪寺。曹溪寺坐落于安宁温泉的龙山（也称葱山）山腰，南面有珍珠泉，北面连接"三潮圣水"，坐西向东，俯瞰螳螂川，与"天下第一汤"遥遥相望。

　　曹溪寺的面积算不上大，但这里群山逶迤，林木苍翠，绿荫如盖，云蒸霞蔚，崖谷之间，鸟叫蝉鸣。相传是唐代广东韶关曹溪南华寺僧六祖慧能，来此地传布"顿悟成佛"的禅宗教义时所建。古寺背枕葱岭，面临螳川，颇似韶关曹溪，故名"曹溪寺"。曹溪寺虽朴素随意，隐忍不露，却古刹千年，拍案称绝。

　　曹溪寺是全国重点文物保护单位。始建于宋代（大理国时期），曹溪寺占地约36亩，主要由山门、天王殿、大殿、后殿、南北厢房、钟鼓楼，沿地形而建的爬廊、六角亭、僧舍组成。建筑总体布局为常见四合院式，主殿为宝华阁，殿内供奉的观音、文殊、普贤三大士像，是国内少见的宋代木雕造像。因此，这里成了昆明当地高僧聚集的佛教中心。寺内的梵钟因音色雄浑而远近闻名。这里几乎每天都举行传统的供奉佛祖的仪式，每年农历四月初八是佛教最大的庆祝日——佛诞日，在这里举行盛大的佛祖诞辰典礼，香客游人络绎不绝，香火十分旺盛。

❶曹溪寺

❷三大士木雕像

三大士像

20世纪40年代初，著名建筑学家梁思成考察该寺后，认为曹溪寺是宋代建筑风格的古寺，该寺大殿正面"西方三圣"（阿弥陀佛、观世音和大势至两菩萨），壁后三大士像（释迦牟尼、文殊菩萨、普贤菩萨）木雕像乃宋代遗物。新中国成立初期在维修正殿时，也曾发现其大梁上有宋代年号的字迹。据此可以认定，曹溪寺始建于宋代大理国时期。1956年经全国佛教协会副会长、著名佛学专家周叔迦鉴定，三大士木雕像乃宋代遗物。

曹溪寺正殿的结构特征是以斗拱为支点。斗拱结构处于顶柱、额枋和屋顶之间，斗拱木块和弓形肘木纵横交错，层叠构成，逐渐向外挑出，形成大大小小的托座。由于斗拱逐层向外挑出，具有支撑负荷的作用，可使屋檐外挑较大，并兼有装饰的作用，整个建筑梁多、柱多、层次多，显得粗壮、古朴、凝重。这样的建筑风格，也构成了曹溪寺的一个鲜明建筑特色，令游人看后赞叹不已。

曹溪映月

　　曹溪寺中最有名的当属"曹溪映月"奇观。据传，在曹溪寺大殿的上下檐正中，有直径 41 厘米大的圆孔，月光从圆孔射入，似圆镜照在大殿佛像的前额，随着月亮上升，光斑可逐渐下移至肚脐为止。这就是"曹溪映月"奇观，又称"天涵宝月"，在旧"安宁八景"之中，被称为"曹溪映月宝镜悬"。据雍正《安宁州志》载："有每二、八望夕（按二月、八月十五日前后，多为春分、秋分'二分'时节），月照佛胸，其圆如镜。"欲见此景，每年农历二月与八月十五晚，便可一睹。而民间广为传称：必须逢甲子年的中秋之夜，才能一观。后来经张其善、许椿萱、李庚禹等人实地考察，在特定的时间内（不一定是甲子年），曹溪寺的"曹溪映月"现象是确实存在的，而且不仅存在"曹溪映月"，还存在"曹溪映日"现象。

　　据曾在曹溪寺管理处工作的许椿萱介绍，在 1983 年，他住寺期间，多次察看"月映佛胸"景象，都没有得见。一次春分期间，却偶然看到"日映佛胸"。联系民间旧传的"二分说"，觉得春分、秋分时节，昼夜同长，"日映"极有可能。据云南天文台张柏荣推算，测出次年可见"日映"七次的准确时间，在 1984 年第 1 期《科学之窗》上披露。1990 年，云南天文台测出 3 月 17 日到 21 日，

曹溪寺大殿

《重修曹溪寺记》（三绝碑）

可见"日映佛胸"。3 月 19 日，该台部分工作人员和市建委档案管理处的刘青，专车赶往观看。当天上午 7 点 10 分，太阳出山。7 点 39 分，阳光投影由大佛右耳、右唇角经下颚，7 点 56 分到 8 点 02 分之间，移至胸前。8 点 19 分，"正照佛胸"景观消失。刘青事后写有报道。虽然不是"月映佛胸"，但至少说明，早年有关"二分"传闻，绝非子虚乌有。

重修曹溪寺记

曹溪寺早期情况，文献少有提及。明嘉靖十二年（1533 年），五叶禅师道成重修寺宇后，请留居寺内的明代大文学家杨慎写了《重修曹溪寺记》。杨慎经过查阅和考证，厘清了曹溪寺的源流与传承关系，碑中云："衡六祖之云席，分一勺之法流。"他认为：曹溪寺是佛教禅宗六祖惠能的道场，惠能后续派弟子来滇传播六祖禅宗教义而建寺，寺名是取广东惠能驻地曹溪水来借喻禅宗南派"法流"，"法流"到此仍一脉相承之意。明隆庆二年（1568 年）云南巡抚陈大宾在《游曹溪寺》诗中有"圣水三潮异，曹溪一脉同"句，也是这个含意。杨慎碑文中介绍的寺旁"三潮圣水"小泉，特别神奇，每天都有三次流量特别大的"来潮"。相传三潮圣水"来潮"时，"泉神金酥"（蟾蜍）也会在池中出现，

曹溪元梅　　杨慎把上述现象称为"异境"。

　　曹溪寺佛事甚隆，吸引着大量佛教徒来烧香礼佛。万历年间，先后两次有人舍金购田，捐为寺产。

元梅、优昙和松风水月

　　曹溪寺中有元代所植的梅花和明代所植的优昙。夏秋之际，古树繁花，为古寺增色不少。优昙花，多在夏季晚间开放，仅一小时左右即谢，不易见及，所谓"昙花一现"，佛门以之借喻人生苦短。道成禅师重修寺宇后，鉴于优昙花花期极短，开放时异香扑鼻，因在树左辟出宝华阁。嘉靖二十二年（1543 年），杨慎再次游寺，在此看到了"昙花一现"景观，又写下记录曹溪寺宝华阁古色古香的辞赋体碑记《宝华阁记》，刻碑于寺内。文中赞颂昙花乃

曹溪优昙

"天宫分种"，祥瑞所钟，同时表扬道成精通佛法（此时道成禅师已经圆寂），能修复名寺（刻碑现存碑廊）。

曹溪寺"法灯复明"后，吸引着不少文人雅士前来诵读"庄介遗碑"（指上述杨升庵两碑，杨升庵去世后，学术界谥为"庄介"）。升庵撰写碑文100年后，崇祯十一年（1638年）十月，著名大旅行家徐霞客慕名来到曹溪寺，抄写升庵碑文，还专门亲临其境去观赏"三潮圣水"。次晨，在党姓秀才导引下找到山下大树根脚向南流入石质月池的"圣水"。徐霞客在其游记中记道：（我）来时"早潮已过，午潮未至。此正当缩时，而其流亦不绝"。他认为，午潮来潮时，水流可能"更涌而大"。在泉畔，霞客还看到新建不久的"问潮亭"，明万历后期，云南巡按张凤翩写有碑记。后来，朱寿琳在此还建立了"海潮分派"坊。

明崇祯皇帝朱由检御笔书写的"松风水月"四字石匾，字

大盈尺，笔力刚健，至今也是古刹一绝。前人王琦有《曹溪夜月》诗赞曰："葱茏山半古招提，石秀泉香宝树奇。一曲清江萦玉练，四周翠岭界琉璃。"

圣水三潮

来到曹溪寺，就不得不说"圣水"。"圣水"距寺不远，位于从寺下山，转入第一个山箐北行不远的林丛中。隆庆二年（1568年）冬，云南巡抚陈大宾所写五律《游曹溪寺》的三、四句"圣水三潮异"句注："四海之水，皆日夜再潮，独此寺有小泉，一日三潮。"曹溪一派同句注："六祖曹溪，原在岭南。"说明当时确把"圣水"视为寺的组成部分。从此，"圣水""圣泉"之称广泛出现，"圣水三潮"也就成为安宁一景了。来曹溪寺的人，都会访问"圣水三潮"。后来，池上方设置

曹溪日晷

石质张口龙头，龙口内放置石珠，泉水从龙口下注池内。流势较大时，激荡龙珠发响。

曹溪寺的盛衰转折

康熙以后，曹溪寺不时得到维修。从清代到民国，始终是百姓游憩、信徒礼佛的胜地。1924年，昆明市政督办张维翰来游，应地方之请，亲题寺名，悬挂至今。1943年，原交通部技术厅机务室驻寺期间，通过测算，设计制作出"曹溪日晷"。到1944年，寺宇又出现旧朽。住持和尚慈济因向外募捐修寺，并在昆明《观察报》刊登启事，接受捐款。省主席龙云一次来游，获悉此情况后，命令昆明、安宁两市县调查寺产。查得昆明业已倒塌的羊神庙，乃曹溪寺公产。于是命昆明出卖羊神庙地产，作为修寺之需。龙氏且扩修了寺左上的珍珠泉，开发水利，灌溉山间田亩。同时修整了从山脚到珍珠泉的汽车路。

在杨慎笔下，曹溪寺全盛时期，楼殿矗立，僧俗诵经之声此落彼起，寺管田产片片相连，每年的田租收入可观，寺里供应的斋饭，一顿几乎有千人就食。因兵燹破坏，寺宇塌毁，僧众星散，经籍碑刻荡然无存。曹溪寺由盛转衰，当年的声名逐渐被人淡忘，直至道成禅师大修后，又由衰转盛。

经过明清之际的战火，曹溪寺再次衰败。清康熙二十九年（1690年）云贵总督范承勋游寺，得见被伐的昙花树根萌出新枝，便捐建了三间"护花山房"。云南按察使佟世雍则发动全省官员捐俸，重修曹溪寺。康熙三十三年（1694年），全寺大修竣工，范承勋和云南巡抚王继文（继任总督）写有碑记。佟氏除题书"天涵宝月"悬于正殿外，并建有傍花楼，写有《傍花楼记》。王继文且重修圣水三潮泉亭，亲题"吐纳灵潮"。

第二章 「天下第一汤」——镶嵌于螳川大地的金纽扣 ANNING

新中国成立后，各级政府对全寺进行了维修。1956年公布曹溪寺为省级文物保护单位，成立管理处加强管理。改革开放以来，寺内彩画一新。并绘有《九龙图》《西游记》组画，装饰门头壁间。现存的一些碑刻，陈列于碑廊，供人鉴赏。现存后殿"南海三圣"中坐的实为脱纱塑像观音，线条柔美，造型端庄慈蔼，极具观赏价值。传闻唐继尧执政时，华亭寺僧虚云认识此像乃艺术精品，拟将之移往华亭寺，后经当地抵制，最终才得以保留下来。

珍珠泉和黑龙泉

出曹溪寺向南行约500米，一片古木参天浓荫蔽日的箐弯里，有一珍珠泉，泉水明净。泉水自一大圆塘内冒出，每隔数分钟即有

珍珠泉

无数气泡自塘底而上，状如串串珍珠，故名珍珠泉。这里也是人们来温泉旅游休闲必去的地方之一，乐游其间。

在曹溪寺东南面螳螂川西岸，也就是距珍泉村约 300 米的地方，有一地下冷水泉，叫黑龙泉。传说温泉的每一口泉眼都有一条龙，而该泉为黑龙，也因此得名。黑龙泉的水质清澈，出水量一年四季不变，泉口有一参天古树，郁郁葱葱，象征黑龙泉的生生不息。黑龙泉是温泉中心区自然出水量最大、唯一一个保持原貌的涌水泉。

千余年来，曹溪寺一直是昆明地区著名的佛教圣地和风景名胜，寺内的许多文物景观，都是国内稀有珍品，其历史价值和文物价值都很高，是人们了解佛教文化、欣赏温泉美景不可多得的好去处。

曹溪秋色

云南佛学院

众所周知，我国是一个多宗教的国家。自古以来，佛教是我国宗教的重要组成部分，佛教发源于古印度，传入中国已经有二千多年的历史。经过漫长的岁月，在与中国传统文化思想和宗教习俗的会通融合中，已成为中国传统文化的重要组成部分，对中国历史文化有着极为深远的影响，对构建社会主义和谐社会有着积极的推动作用。

佛教传入安宁的说法不一，早不过唐代，晚不出宋代。据《滇释纪》载，唐代安宁虎丘寺有个觉印和尚，学禅于五台山，对佛法造诣颇深："觉印号脱空，安宁虎丘寺僧也。精研戒律密行。后母亡，庐基刺血书经，遂游大方，学禅于五台，返锡滇池，结庵以居，名曰乐道。晚年再归五台，沐浴焚香而化。"由此可见，唐代安宁的佛教已有一定的繁荣景象。

到了明代，佛教已是安宁人主要信仰的宗教，也兴建有许多佛教寺院，比较著名的有虎丘寺、妙果禅寺、曹溪寺、法华寺、龙应寺等，善男信女不少。

在广大僧众的竭力传承下，佛教文明在安宁这片沃土上得以生根发芽、弘扬传承。经过近千年的发展变革，如今在安宁这片土地上，不仅有像曹溪寺、法华寺等佛教寺院保存完好，还建有集学习、教育、传承等于一体的教育机构云南佛学院坐落于此。

云南佛学院

佛学院早课

融汇三大语系的佛教圣地

云南佛学院，位于安宁市温泉镇龙溪路，是中国及世界范围内唯一一所汉语系、藏语系、巴利语系三大语系的佛学院。是一所由国务院宗教事务局批准，由云南省政府和云南省佛协共同投资兴建的面向全国招生的特殊专业院校。

设立云南佛学院的缘由，可以说由来已久。

由于历史和地理的原因，云南较周边的中原、西藏及泰国、缅甸等佛教中心地带保存了更多的原始佛教文明。由于社会和经济发展落后，云南佛教在经历8—13世纪的繁荣之后，一直没有较大的发展。20世纪30年代初，虚云法师到大理鸡足山、昆明等地振兴汉语系佛教，产生了深远的影响。但由于接踵而来的兵患，又使已有的努力付之东流。同时期的藏语系佛教、巴利语系佛教状况也大致相似。新中国成立后，由于众所周知的特殊历史时期，佛教没有得到应有的重视。及至20世纪80年代落实宗教政策后，在党和政府的有力领导下，三大语系佛教发展迅速，相互交流比以往更加深入，三大语系为一个整体融入社会的各个方面成为云南佛教的最大特点。与此形成反差的是，长期缺乏对佛教僧才的培养极大地限制了云南佛教的正常发展。这种状况，既加大了佛教发展同社会发展的差距，也加深了一定的社会矛盾。特别是云南与东南亚一些佛教国家山水相连，境内外民间历来存在佛教的相互比较，我国佛教的发展便显得逊色，这与泱泱大国的形象极不相配。

所以，在 20 世纪 90 年代初，中国佛教协会针对云南佛教状况做出了重要工作部署。已故中国佛协会长赵朴初高瞻远瞩，于 1990 年到云南西双版纳召开了"首次南传佛教工作会议"，朴老提出了"靠传统的寺院培养僧才已经不适应了……"的观点，指示"在云南首先创办南传上座部学校培养僧才"。根据这一指示精神，云南省佛教协会积极向省政府及有关部门申报，后经国务院宗教事务局批准成立"云南佛学院西双版纳分院"。1994 年云南在佛教徒众多、寺院集中的西双版纳建立了分院。11 年来，该分院已经开办了 3 届，为西双版纳、普洱、临沧等地培养了一大批寺院管理的初级人才。时至今日，西双版纳等地的佛教在适应社会发展要求、服务社会中取得了有目共睹的成绩，同时有力地证明了云南开办佛教学院的正确性和必要性。

有了西双版纳分院办学的经验，鉴于云南三大语系佛教俱全的特殊性及创办云南佛学院的初衷，云南省佛教协会从云南实际出发，充分研究后，报经云南省政府、国务院宗教事务局批准，于 1997 年 6 月正式筹建云南佛学院。2002 年 3 月，云南佛学院基建工程启动。2004 年 12 月，在学院建设粗具规模的情况下举行了开学典礼。学员在校僧管理完全按各语系僧团制度制定。

世界佛教按语系划分由汉、藏、巴利三大语系佛教组成。云南以一省之域融汇三大语系佛教于一地，因缘机巧、殊异非常。究其原因，是云南特殊的地理位置及千百年来各族人民和睦相处、共同发展创造了这一奇迹。7 世纪前后汉地佛教由四川诸地传入，是为云南汉语系佛教之先声。从吐蕃越金沙江南下传入了藏语系佛教，南传上座部佛教经东南亚诸国传入巴利语系佛教。三大语系佛教为不同民族所信奉，成为团结各民族的基石。

云南佛学院毕业典礼

云南佛教人才培养中心

如今，云南佛学院全面贯彻落实党和国家的宗教政策，始终坚持佛教中国化方向，积极引导佛教与社会主义社会相适应，坚持"学院三语化、修学一体化、服务社会化、全息实效化"的办学方向，不断提高教育质量，正致力于把学院建设成为"三中心一窗口"，即云南佛教人才培养中心、佛教教职人员培训中心、佛教禅修中心及云南佛教对外友好交流的窗口。真正发挥学院教化作用，切实发挥佛教文化在促进民族团结进步、推动云南经济社会发展中的积极作用。

秀美螳川

东川区
武定县
寻甸县

相传古时候，温泉一带年年遭受水灾，人民苦不堪言，于是当地所有的男人都集中在一起治理河道。然而，当河道就要疏通时，一块巨石横在了河中。正当大家一筹莫展时，一位叫"汤朗"的年轻人纵身跳入河中，顿时巨石崩裂，河道得以疏通。为了纪念这位勇敢的年轻人，这条河就以年轻人的名字谐音为名，被称为"螳螂川"。

螳螂川，是一条贯穿全境，传承和发扬安宁历史文化的河流。

螳螂川，系金沙江支流，全长 252 千米，为滇池之唯一出口。螳螂川自滇池流向西北，经昆明市之安宁、富民、禄劝，于禄劝与东川交界处注入金沙江。其上游称螳螂川，过富民称普渡河。螳螂川在安宁、富民一带河道较宽，流速较缓，多河曲阶地；禄劝普渡河水流湍急，高山夹峙，河流深切，"V"形河谷广布。《华阳国志·南中志》记滇池县"有泽水，周回二百余里，所以深广，下流浅狭，如倒流"，即指此河。

杨慎酷爱云南的山山水水，对安宁秀丽的自然风光更是赞不绝口，葱蒙卧山、螳螂川、温泉、曹溪寺、法华寺等，一一走入他的笔端。杨慎在安宁生活达 22 年之久，可见杨慎爱安宁，安宁人民爱杨慎，这种真挚的情感是他吟诗作赋的源泉，他为安宁留下了许多赞美安宁山水的诗歌。其中赞美螳螂川的就有《新春始泛歌》："螳螂川水青如苔，曹溪寺花红满台。韶光满眼莫惜醉，几个扁舟乘兴来。"还有《螳川独泛》："月

游浑似昼，水泛不知寒。星罨惊鱼跃，双枝起鹤盘。"杨慎描写了螳螂川及其两岸的美丽风光，诗中有动态的流水，有静态的寺院、花木，村庄栉比，灯光点点，两岸有制酒、烧鱼的香味，水中有鱼儿跳跃的声响，好一个幽静、惬意、秀丽的螳螂川。

螳螂川温泉水十分丰富，这里开采温泉水用于洗浴的历史已十分悠久，杨慎就在这里题有"天下第一汤"的匾额，"不可不饮"镌刻于温泉崖壁上。如今有许许多多温泉、温泉疗养院密布建造在螳螂川畔。

❶螳川春早
❷螳川夕照

❶金色螳川
❷金色田园

金色螳川之旅

云南是盛产油菜之地，罗平的油菜久已扬名中外，罗平的油菜花已经成为一道壮丽的风景。在罗平之外，螳螂川畔的油菜和油菜花，也颇具规模，享有盛名。

每年二三月间，以牧羊湖为中心的螳螂川两岸上万亩的油菜花竞相开放，远远望去，犹如一片金黄灿灿、随风翻涌的海洋；走近看，一朵朵油菜花在碧绿的油菜叶子的映衬下，像一只只黄色的蝴蝶，在微风中翩翩起舞。置身其中让人赏心悦目，如同走进了童话世界一般。

在金色螳螂川的油菜花海中，不少游客选择"踏马寻春"，时而伴随着火车的鸣笛声，时而伴随着大人儿童的追逐嬉闹声，春意盎然，十分惬意。

漫步在螳螂川畔的村庄田野上，远处青山如黛，近处大片大片的油菜花开得热烈灿烂。田野里、农舍前，一蓬蓬、一簇簇的油菜花迎着风绽放，似一片片金色的海洋，在阳光下泛起层层波澜。而油菜花织就的新衣裳，将这一切山水人文装扮得更加迷人。

在螳螂川，泥土的清香和菜花的香味弥漫其中，乡村田园，让人沉醉。漫山金黄，蜜蜂忙碌，入目之处一片金黄，人间仙境当是如此。

每年的七八月份，"金色螳川"的向日葵花就会竞相开放，花期也在 30 天左右，与油菜花开放时的美景同可媲美。每到油菜花和向日葵花开的季节，来这里赏花的游客人数平均每天都在 5000人次以上。安宁螳螂川，这个听起来貌似昆虫的名字，却有着美丽的田园风景。因为春天有金黄的油菜花、秋天有金黄的向日葵，所以常常被人们称为"金色螳螂"。

在每年油菜花和向日葵花开的季节，一定要带着家人，来到螳螂川，走向田野，踏青赏花，看山听水，感受螳螂川最美的心情和风光……

在螳螂川安宁温泉正南一千米多的地方，有个杨阁村（今羊角村），是明朝大臣杨一清的故乡。螳螂川流经杨一清故里处，被称为"石淙渡"。杨一清以石淙作为自己别号，在《石淙诗钞》中，辑录了他回乡期间写下的多首诗歌。他不仅写下游《温泉记》等记叙故里的文章，还在故里修葺了"石淙精舍"，并请好友同僚李东阳和费宏分别撰写了《石淙赋》和《石淙辞》。晚年他在镇江建置了又一处"石淙精舍"，寄托对故乡的思念。

溪唱瀑响青龙峡

在螳螂川上游，距安宁市区29千米、距温泉20千米的地方，还有青龙峡风景区。区内森林密布，植被完好，古藤缠绕，溪流吟唱，瀑布飞溅，水车旋转，日照炊烟，民风淳朴，游览景点星罗棋布。

在这里不仅可以参加有"滇中第一漂"之称的青龙峡漂流，在体验最富有情趣刺激的水上漂流的同时，领略沿河牧牛归耕、禾香渡、群芳坞、青龙谷、溪山草亭、先人遗址等美丽景色，还可以体验有彝寨风光的弓箭狩猎、骑马、古藤秋天、篝火晚会等游乐项目，让人们在轻松愉悦中欣赏青龙峡的美景，了解这里的少数民族文化风情，体验城市生活以外的山川田园生活休闲乐趣，体味螳螂川深厚的文化底蕴和氛围，获得更多的愉悦。

悠悠螳螂川，恋恋忘川途。随着美丽乡村建设的推进，螳螂川天然的生态和资源优势一定会体现得更加明显，"金色螂川"的光辉也一定会更加璀璨闪耀，昔日沉睡的"连然金方，

青龙峡风景区

螳川宝地"将焕发出新的勃勃生机，令人神往的螳川仙境将引来更多世人关注的目光，如约前往，驻足忘返。

意趣盎然玉龙湾

安宁自古以来美景就很多，来到安宁，除了欣赏螳螂川畔的美丽景色外，还有许多地方值得一去，还有许多景点值得一看，其中玉龙湾风景区就是不错的选择。

玉龙湾位于昆明西郊石安高速公路边的太平村近旁。虽然距市中心仅有 23 千米，但它依山傍水，层林叠翠，碧波粼粼，流水潺潺，密林幽邃，风光旖旎，犹如世外桃源。

玉龙湾风景旅游区是近代以来安宁市全新打造的一个旅游景区，主要包括自然风景区、电影拍摄基地和东南亚民俗文化城。自然风景区依傍自然山水，以姹紫嫣红的春花、殷实累累的夏果、斑驳陆离的秋叶、云山雾罩的冬雾为特色。游客可水上泛舟或走藤桥、过溜索，或密林探险，或沿小溪漫步、曲径通幽……在这片秀丽妩媚的景色中，饕餮着清纯的绿色，吮吸着绿树野花的清香，享受置身于大自然的乐趣。

玉龙湾是中国电影家协会的拍摄基地，是国内唯一一处以东南亚文化为特色并将文化展示项目与影视拍摄、会议、民间歌舞表演、娱乐、休闲度假等功能完美结合的旅游度假区。电影拍摄基地以反映民国年间昆明旧城风貌的拍摄场景为龙头，溯古丝绸之路建立唐、宋、元、明、清拍摄基地。在这里，游客不仅可以观赏拍摄影片的全过程，还可溯中国历史之长河，寻找云南文化与中原文化的异同。这里还有具有浓厚的东南亚民族风情的文化城，集中展示了泰国、缅甸、老挝、越南等 10 个东南亚国家的民俗文化，使整个景区异彩纷呈，意趣盎然。

　　安宁除有丰富的温泉、自然旅游资源外，还是昆明鲜花种植基地之一。安宁现有两处较大的花卉种植基地。一处位于太平境内，距昆明市中心 26 千米，主要以种植兰花为主，现已成为云南省具有较高生产管理技术和较大规模的兰花选育、培养、生产、出口一体化基地。另一处在安宁市城南的鸣矣河，距安宁市区有 18 千米，主要以玫瑰、康乃馨、百合等鲜切花为主，如今发展前景甚好，是昆明呈贡鲜花基地以外的较大鲜花基地。

　　螳螂川畔资源丰，景色秀丽迷死人。安宁的螳螂川，在不同人的心里是不一样的，大人们说是金色的，小孩子们说是快乐的，老人们说是温暖的，游客们说是美丽的，要我说，安宁的螳螂川是中国的、世界的……

❶玉龙湾风景区

❷玉龙湾风景区里的老昆明城

地毓英杰　千古流芳

　　人杰地灵，美丽的安宁大地，曾经诞生和涵毓过一大批流韵千古的风流人物，他们或为安宁籍人物，或为从外地来到安宁，为安宁的历史文化做出过不可磨灭的巨大贡献，比如王仁求、杨一清、杨升庵、徐霞客、朱化孚、赵日亨、段拱新、张棠荫与张榕荫兄弟、朱培德、陈钟书、吕继周、刘正富、王玉麟、王旦东等等，不一而足，他们或为思想家、政治家、军事家，或为文学家、教育家、艺术家，他们的事迹流光溢彩，垂范千秋，在悠远的安宁历史长河中熠熠生辉。让我们撷拾几位具有代表性的人物故事，景仰他们的光华。

杨一清："文德武功"的一代名相

明代是云南文化获得发展的重要时期，是云南人走向全国、走向世界的一个时代，杨一清就是云南人中的杰出代表。杨一清这位云南安宁杨阁村人，出将入相，文德武功，怀仁重情，不忘家乡，是云南人的骄傲，更是安宁人的自豪。

先谈两件小逸事。

2001 年，昆明的《春城晚报》"大观"文史副刊因为 10 多年前著名学者陈赓雅一篇旧"公案"引起了一场讨论。陈赓雅在 20 世纪 80 年代因看到大型百科全书《辞海》中介绍一位明朝的著名人物杨一清，词典中将杨一清籍贯误记为江苏镇江（杨一清去世于镇江，墓也在镇江），陈赓雅乃致书《辞海》编辑部要求更正杨一清籍贯，因为杨一清是云南昆明安宁温泉镇人。不知道是什么原因，陈赓雅没有得到《辞海》编辑部的回应，后来再版时错误也一直未能更正。于是，"大观"副刊决定再次对此"公案"进行学术探讨，报纸用一个整版刊登了著名历史学家、地方志专家马颖生、张诚、李庚禹等人的文章，以过硬的史料证据说明了杨一清的正确籍贯地——云南昆明安宁温泉镇，希望《辞海》编辑部提供证明杨一清籍贯江苏镇江的相应材料和文章，"大观"副刊愿意提供版面进行学术"争鸣"。报纸出版后，昆明市地方志办公室与《春城晚报》编辑部再次致函《辞海》编辑部并附上相关报纸版面与文

杨一清像

章。不久后，《辞海》编辑部回信称"我们已经注意到这个问题，感谢你们的支持与帮助，词典再版时将对此予以更正"。我们看到，后来再版的词典以及《中国历史人物大辞典》，都把杨一清的籍贯更正过来了。

1991年，时任全国政协副主席、中国佛教协会主席的赵朴初先生来到安宁温泉考察，在曹溪寺他读到了著名状元杨升庵的一副对联："四朝元老，三边总戎；出将入相，文德武功。"赵老（政界、佛教界都这么称呼赵朴初先生）很吃惊："封建社会，此地出过宰相？"时任中共云南省委统战部部长的李瑾回答："出过啊，就是本地人，他叫杨一清。"随后，他把有关杨一清的材料请人送到了赵老下榻的温泉宾馆。赵老阅后十分高兴，一面盛赞杨一清这位古代先贤，一面兴致勃勃地挥毫为杨一清题字……

杨一清到底是一个什么样的人物，能够引起各界的关注？

出将入相　文德武功

杨一清（1454—1530），字应宁，号邃庵，又号石淙老人，安宁温泉（古名石淙）杨阁村（昆明人读"阁"与"角"同音，所以许多人把村名讹为了"羊角村"，所谓"杨阁村"，其实是杨一清的故乡乡亲为纪念他做到朝廷"阁老"即内阁成员而取的村名）人。他是明代著名的政治家、军事家、文学家。后被谥为文襄公。在漫长的中国古代社会（到清帝退位），他是唯一一位坐到相位的云南人。

"入相"（杨一清一生中，四次入阁，其中两次成为首辅，即宰相）还只是杨一清生命中的一个表象，真正的

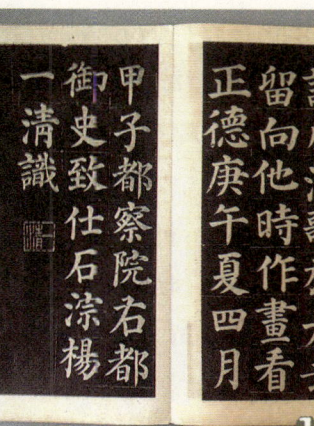

①杨一清书法
②李东阳致杨一清札

杨一清在各个方面的作为和表现，堪称人生立德、立功、立言"三不朽"的典范。

他是明代中期中国政治舞台最著名的政治家之一，经历四朝"入阁"，在明代中期的政治生活中，堪当倚重，颇有政声。杨一清小的时候就很聪明，记忆力超强，可以达到一览成诵的地步。在他8岁时就被以奇童的身份送到翰林院读书，14岁中成化辛卯（1471年）考取举人，一年后考取进士，此后一路仕途高升。先后到山西任按察金事、山西提学、陕西提学、山西巡抚、左都御史、兵部尚书等职，四朝入阁，为官清廉，文武双全，智勇多谋，留下了仁心妙计除奸臣等传奇故事佳话，激励着一代又一代人。他武功卓著，时人称其"用兵如神，算无遗策，临机应变，动合时宜"，在抵御外敌侵略的斗争中，屡立奇勋，对国家边防建设影响深远。一代"心学"大师王阳明一生中著名的"宸濠之乱"平叛，王守仁（王阳明）曾专赴镇江暗访老师杨一清，杨一清密授兵法，后来王守仁调集8万兵马，仅用35天就平定了数十万人的叛乱，创造了明代军事史上的一个奇迹。《明史》将杨一清比喻为唐代名将郭子仪、名相姚崇。

杨一清不仅政声显赫，在文坛也颇有地位，其诗沉雄高古，颇有杜少陵（杜甫）之风，他与"茶陵派"文学代表人物、著名诗人李东阳齐名，时人谓杨李诗"可并存也"。著名的明代诗坛"前七子"领袖人物，同为杨一清和李东阳门人的李梦阳，把杨、李视作明代中期诗坛的改革先驱并有诗称赞"杨李"："我师崛起杨与李，力挽一发回千钧。天球银瓮世稀绝，鳌掣鲸翻难其陈。"近代著名楹联大家赵藩先生更是力赞二人之诗："将相功名一代中，诗歌卓有杜陵风，后先七子休腾踔，合与茶陵角两雄。"杨一清著作等身，主要著作有《石淙诗钞》（十五卷）以及《关中奏议》《辅臣唱和集》《邃庵集》《通家杂述》《西征日知录》《吏部献纳稿》《密谕录》《车

少宰石楼守公约游焦山余兴得长句

金山之东复焦山两往屹立洪流閒石楼为先生好奇斈所拟我思踏屐为系龙阙开至今墨我背穗路心神闲想当造物灵混池阔极涌吐纳江海迴往渊灵端镇南极托天没亦直与元气相不畏涛澜字史孙青王坞蹬历历披檐管龙吏华阳真逸曾旧遊踞嬾桥管君尊何物相屠为能焦仙典托龙吏何古梯仙历刻遗世不可灭字已剥病起年翁名华阳剥挑花脚双飞翰半山止雨眼生花腰脚顽君成稍童机体力强追逐上如快脚翰年大儿观弥状空无俯瞰水晶卷三山如弹丸倦来下憩帆樯如旋诸烹竹笋烧沉檀白云自封酒酣洞屋外齿齿苔痕斑墙如认林出行绕道惟苏子田蟹鱼班闲今解君难朝宗意先往我旧遊古立留应时作画看浩白晚歌放舟汗漫面生微寒堂深白日轻风水留向他海云诗浩歌去暑应难时作画看

正德庚午夏四月甲子都察院右都御史致仕石淙杨一清识

驾幸第录》等行世，其文章成为中国古代奏牍派文学的代表，深刻影响了后世如曾国藩（湘乡派文学）、李鸿章等人。杨一清的书法宗颜鲁公颜真卿，真书得颜字神韵，字与人况，风骨铮铮，存世有《焦山诗真迹》《游招隐山诗碑》《林隐辞》《致镇江太守滕谧五札》等，获者无不奉若拱璧。

杨一清虽位居显爵，位极人臣，然而热爱故土，不忘家乡。其爱乡美德已成为千古佳话，在中国古代传统文化教育界广为流传，如中华传统文化蒙学经典《幼学琼林》中，就把"杨石淙不忘故乡"编为传颂千古的仁德故事，在童蒙教育吟诵。他于成化十一年（1475年）和正德十一年（1516年）两度回滇祭祖扫墓。安宁故乡的乡亲们为迎接他"衣锦还乡"，砍树搭坊，铺路建桥。杨一清看到为了自己回乡，毁去了一些松柏，十分不安，回京后，便托人带来银两，请州官重新植树，以挽回损失。在滇期间，他专门前往赛典赤庙和沐英庙拜谒，为云南先贤写下了一组不朽诗篇。杨一清自号石淙，晚年又自谓"生于滇南，长于湖南，老于江南"，故号"三南居士"。无论身在何处，故乡石淙始终是他不忘的符号，是他的血脉所系。

《少宰石楼李公约游焦山余兴得长句》（杨一清）

计诛刘瑾　匡扶正义

　　杨一清被中华民族历史永远铭记的，是那一件让他名震四海、永垂青史的故事。他计诛祸国殃民的大太监刘瑾，挽救国家纲纪，以大臣而取得与权宦斗争的胜利，杨一清是唯一的例子，其信心、智慧、勇气，其敢于斗争、善于斗争的精神，一直在人们口头流传。

　　明朝弘治十八年（1505 年），弘治皇帝病死，15 岁的太子朱厚照即位，是为正德皇帝。正德皇帝是先皇独子，自幼娇生惯养，我行我素。少年天子初登宝座，本应得到良臣忠侍辅佐，可是他身边以刘瑾为首的八个宦官，号称"八虎"，经常陪伴他打球骑马，放鹰猎兔……这很称贪图玩乐、很"潮"的武宗的心，于是超乎异常地宠信他们。

　　朝政松弛让朝廷里正直的官员很愤懑，表现出了士大夫们的气节让他们不畏强暴，与宦官展开较量。不少官员大义凛然、积极大胆地向皇帝劝谏，要求驱除"八虎"。但武宗不但不听，反而提升大太监刘瑾为司礼监，又让刘瑾的两个同党分别担任东厂、西厂提督。

　　一朝得擅权，得志便猖狂。不学无术又用心险恶的刘瑾为排斥异己，东厂、西厂成为他最尖锐的爪牙。于是乎，锦衣卫四处刺探，对于刘瑾不行贿者，"不附己"者，都被刘瑾利用

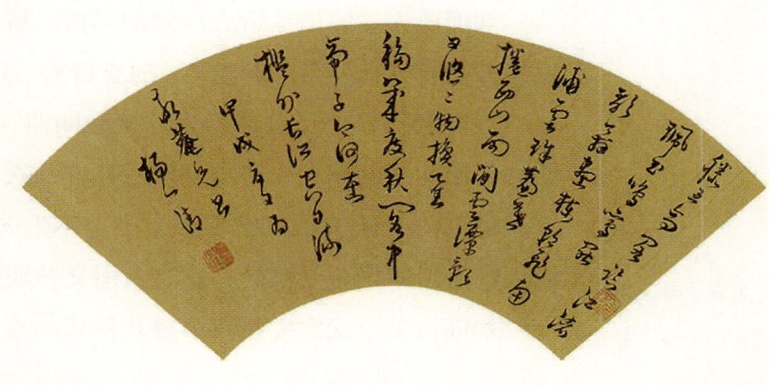

草书《滕王阁诗》扇面
（杨一清书）

花知春晓不轻开

浣山杨一清书

浮时花柳暗於

①

②

① 七言联（杨一清书）

② 行书札（杨一清书）

这些特务机构抓进牢狱，严刑拷打，九死一生。有一次刘瑾一次性逮捕了给事中戴铣等20多人，戴铣居然被活活打死。当时的六品芝麻官兵部主事王阳明上疏直言，被罚廷杖，并被贬为贵州龙场驿驿丞。刘瑾还不解恨，又派人途中杀之。还算是机警的王阳明在过钱塘江时，假装投江而死，将衣帽浮在水面上，才得以蒙混过关，最后到达龙场驿……

刘瑾还先后假借皇帝之口颠倒黑白，矫诏把顾命大臣大学士刘健为首的675人列为"奸党"，随意抄家、迫害。

刘瑾利用权势，敲诈勒索，接受贿赂。地方官员到京都朝见，怕刘瑾给他找麻烦，先得给刘瑾送礼，一次就送二万两银子。有的官员进京的时候没带那么多钱，不得不先向京城的富豪借高利贷，回到地方后才偿还。当然，这笔负担又转嫁到老百姓身上了。

刘瑾每天给武宗安排许多寻欢作乐的事，有些事，今天看来也令人触目惊心：他教武宗养虎豹为宠物，为了淫乐，还专门设立了玩弄女人的"豹房"……等武宗玩得正起劲的时候，他把大臣的许多奏章送给武宗批阅。明武宗很不耐烦，说："我要你们干什么？这些小事都叫我自己办？"于是把奏章撂给刘瑾，这无疑是将国家大政任由刘瑾裁决。刘瑾乘机窃取了朝中大权，在内结党营私，把持朝政，严刑峻法；在外面横征暴敛，兼并土地，包揽词讼，贪污受贿，伤天害理。打这以后，事无大小，刘瑾不再上奏。他假传明武宗的意旨，独断专行。刘瑾自己不通文墨，他把大臣的奏章全带回家里，让他的亲戚、同党处理。当时民间流传着一种说法："北京城里有两个皇帝：一个坐皇帝，一个立皇帝；一个朱皇帝，一个刘皇帝。"

　　杨一清只因不愿与其同流合污，刘瑾就借机迫害他。刘瑾诬陷其冒领浪费边疆费用，杨一清被逮捕入诏狱，几乎丧了命。幸好有大学士李东阳、王鏊极力救护，才将杨一清救出。救出后，杨一清痛定思痛，他发觉，大宦官刘瑾不除，将国无宁日，于是下决心等待时机，感恩报国，为国除奸。

　　机会终于到来，正德五年（1510年），宁夏安化王朱寘鐇

杨一清手札

起兵谋反，朝廷因杨一清通晓西北军事，军情紧急，武宗不得不起用杨一清为三边总制，并派太监张永监军前往讨伐。

在宁夏平叛过程中，杨一清留心观察政治风向，觉得张永虽然是"八虎"之一，却与刘瑾有所不同……闲谈中杨一清发现，张永与刘瑾矛盾甚深，权衡良久，他决定争取张永共同对付刘瑾。征途中二人共事，言语投机，甚为融洽，遂密商了铲除刘瑾之事。

张永回到北京献俘完毕后，正德皇帝设宴赐酒酬劳，张永即按杨一清的计策行事，从袖中取出杨一清帮写的奏疏，在皇帝面前揭发刘瑾，数刘瑾不法十七事，包括企图谋反，私养武士，私藏兵器，激起兵变……然而此时皇帝显然并不完全相信张永的话。张永于是按照杨一清所授计策，脱掉帽子用力磕头，大声说道："此事不可缓，缓则奴辈皆死于非命！""天下如归了刘瑾，陛下准备去哪里？"

杨一清早已料定皇帝在处理刘瑾一案的犹豫，于是还请当时的内阁首辅李东阳帮忙，出面策动六部六科、十三道御史同时上书，于是众口一词弹劾刘瑾。一时间，上疏直言者踊跃，正德皇帝终于下决心审查刘瑾。

不查不知道，一查吓一跳。正德皇帝派禁军查抄刘瑾家时，从刘瑾家中抄出黄金、银圆、珠玉宝器不计其数；还抄出了龙袍玉带，盔甲千余，弓弩五百……正德皇帝这才目瞪口呆，大吃一惊，立即下旨逮捕刘瑾和其逆党，刘瑾最终被判处凌迟之刑。经过这一场殊死搏斗，大明王朝政治再次回到了正常的轨道上。

不忘家乡　永记乡愁

杨一清每逢署写自己的籍贯，总是写明"云南安宁州人，寄籍湖南巴陵"。每当有云南人返乡或有外地人赴滇为官，他都要接见，殷殷叮咛。昆明人毛玉在昆明修建书院，邀请名师课徒授业，杨一

①杨一清像

②明大学士杨文襄公故里碑

第三章 地毓英杰 千古流芳 ANNING

清为书院题名："养正"，殷切希望早日造就"吾乡无限人间秀"。当年何孟春受任云南巡抚，杨一清赋诗送别，寄寓出浓厚的恋乡情怀："百年文教要荒外，万里江山节制中。兵甲未须论远略，疮痍应合念人穷。只缘休戚关吾土，披发缨冠此意同。"

作为流誉数百载的杨文襄公，云南人一直是感佩不已的。杨文襄公一直作为为民族做出杰出贡献的人物，入祀于先贤祠。自1926年起，为纪念杨一清这位历史伟人，每年腊月初六杨一清的诞辰日，昆明各界人士都要在昆明翠湖杨文襄公祠内举行"公祭"，这项活动一直持续到1949年。今天的安宁，以杨一清命名的"一清路"，也永久地纪念着这位为家乡带来无限荣光的杰出人物！

杨慎当时在遥岑楼为纪念杨一清所书写镌刻的碑记至今珍藏在安宁市博物馆；温泉摩崖石刻保存着云南历史名人袁嘉谷、李根源所题写的"杨文襄公故里"等石刻。翠湖北面曾有"杨文襄公祠"，1949年以前，每年都举行祭祀活动。1996年，当推土机正要铲平该祠堂旧址时，据说有一位市民，慨然出资买下这些断木残瓦，又历经艰辛，在金殿后山上建起"相府山庄"——杨一清博物馆。民国时期编辑的《云南丛书》也倾力收辑了杨一清的著作。所做的这一切，都是杨一清故乡的人们以实际行动时刻保持着对这位历史名人崇敬和怀念之情。

杨升庵：文采风流的"杨状元"

与安宁籍明朝一代名相杨文襄公杨一清几乎同时代，与云南文化包括安宁文化有着深厚因缘的还有一位明熹宗天启年间被追谥为杨文宪公的著名人物，他就是在云南几乎妇孺皆知的"一代文宗""杨状元"杨升庵。

杨慎，字用修，号升庵。他不是云南人，祖籍在四川新都（今成都市新都区），明弘治元年（1488年）十一月初六日生于北京。父亲是吏部尚书、武英殿大学士杨廷和。从少年时代起，杨升庵就聪颖异常，才情卓绝，加之家境优越，教育环境良好，他12岁就乡试中举，19岁中进士，24岁则更进一步，殿试第一，交出的答卷被阅卷官李东阳、杨一清等人誉为"海涵地负"。他高中状元，授翰林院修撰，受到皇帝的赏识而委以重任。从此，正式登上明朝政治舞台，真可谓春风得意，青云直上。

因"大礼议"蒙难而放逐云南

说起政坛风云，从来诡谲异常，在人生穷达荣通之际，一场飞来的横祸，让杨升庵的人生发生了180度的大逆转，从此被逐出朝政庙堂，流放到江湖蛮荒之地。宦途的挫折，却无意间成就了一位文坛领袖、史学巨擘，他精神不倒，诗意长存！

杨升庵像

这场飞来横祸就是嘉靖朝著名的"大礼议"。原来，1521年，明武宗朱厚照驾崩，由于未留下子嗣，其堂弟朱厚熜继位，是为明世宗嘉靖皇帝。朱厚熜以藩王身份继承帝位，很想名正言顺，为自己的父亲头顶贴金，于是下诏礼部，命令追封自己的生父兴献王为皇考。在人伦的角度，这无可厚非，而对于帝族礼制而言，这却不合乎规矩。诏令一出，群臣纷纷反对，他们一致认为嘉靖帝应称正德皇帝的父亲为皇考，改称兴献王为皇叔父，也就是说，嘉靖帝得管伯父叫父亲，而把亲生父亲当叔父。

偏偏碰到嘉靖皇帝也是一个犟种，对于此事不惜折腾起来，一折腾就过去了好几年。皇帝火了，他干脆正式下诏改称生父为恭穆皇帝，杨升庵"偕学士丰熙等疏谏。不得命，偕廷臣伏左顺门力谏"，朱厚熜更加震怒，开始使用暴力镇压，"命执首八人下诏狱"。大臣们更加群情激愤，以死抗争，纷谓："国家养士一百五十年，仗节死义，正在今日。"杨升庵与进士检讨王元正、毛玉等229人，在金水桥、左顺门一带列宫大哭，抗议逮捕朝臣，声彻宫廷。"帝益怒，悉下诏狱，廷杖之"，当场杖毙 16 人，升庵好友、云南昆明高峣人毛玉也不幸被杖毙（后来杨升庵在毛玉昆明旧居的高峣修建了著名的升庵祠并在此居住经年，杨一清因升庵而认识毛玉，杨、毛二人曾同到镇江拜会杨一清，杨一清专门作文记其事，对毛评价颇高）。升庵于七月十五日被捕，十七日被廷杖一次，死而复苏；隔十日，嘉靖帝仍然余怒未消，认为"杨慎、张原等欺慢君上，震惊阙廷"，命再廷杖一次。张原当场杖毙，杨升庵几乎死去，最后被判杖后"永远充军烟瘴"，充军云南永昌卫（今保山）。

37 岁的杨升庵，命运让他成为一个置身云南三迤大地的终身流放者。

这年冬天，带着满身杖伤，杨升庵离别妻子，只身一人戍边云南。临别之际，杨升庵填写了一首《临江仙·戍云南江陵别内》送别妻子杨娥：

> 楚塞巴山横渡口，行人莫上江楼。征骖去棹两悠悠，相看临远水，独自上孤舟。
>
> 却羡多情沙上鸟，双飞双宿何洲？今宵明月为谁留？团圆清影好，偏照别离愁。

云南地处蛮荒，交通困难。入滇后的杨升庵先后在永昌、大理、昆明、临安（今建水）等地居住。作为一个有政治抱负的人，他并不甘心终老边地，但历史并没有给他重返政坛的机会。"塞翁失马，焉知非福？"杨升庵充军边地，反而让他触摸到了丰赡的云南三迤文化资源，他以丰厚的学养成为云南文化富矿的挖掘者。杨升庵的后半生，基本都在云南度过。寓滇 30 多年，杨升庵"平居口不绝吟，手不释卷"，博览群书，上探坟典，下逮史籍，稗官小说，百家九流，无不究心。他勤著述，工书文，"家学相承，益以该博。凡宇宙名物之广，经史百家之奥，下至稗官小说之微，医卜技能、草木虫鱼之细，靡不究心多识"。（简绍芳《杨文宪公升庵先生年谱》）《明史》中也说"明世记诵之博，著作之富，推慎为第一"。在云南，杨升庵著述了《滇载记》《滇程记》《滇侯记》《南

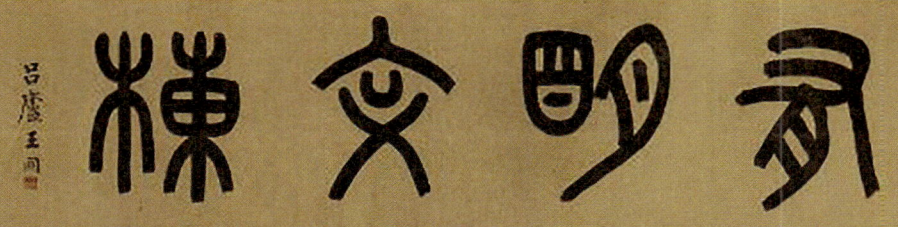

钱淑美写杨升庵小像卷

诏野史》《云南山川志》《廿一史弹词》《六书博证》《升庵诗集》《升庵长短句》等大量的著作和诗词。据《杨文宪公升庵先生年谱》的记载，其平生著作有 400 余种，今天能够看到的也有 100 余种。杨升庵成为记录、研究、书写云南文化的大学者，云南文化也成就了文采风流的"杨状元"。

嘉靖三十八年（1559 年）七月初六日，杨慎在戍所逝世。临终时，他写下："临利不敢先入，见义不敢后身，谅无补于事业，要不负于君亲。遭逢太平，以处安边，歌咏击壤，以终余年。天之顾畀厚矣，笃矣；吾之涯分止矣，足矣！"对于文化、文学之涯而言，杨升庵应该算是无憾了！

"一代文宗"的文化成就

　　杨升庵的文学成就极高，今存诗约 2300 首，涉及内容广泛。思乡、怀归、赞叹神州山河、歌颂历史英雄、描写云南风光、关心人民疾苦……杨升庵在前七子倡导"文必秦汉、诗必盛唐"、复古风气较为流行的时候，能别开生面，形成一种"浓丽婉至"的诗歌风格，明末清初著名思想家王夫之称其诗为"三百年来最上乘"。他的《滇海曲》12 首，其中描绘昆明的名句"天气常如二三月，花枝不断四时春"已经成为昆明"春城花都"的最早吟诵，是"春城"的最早宣传语。杨慎对文、词、赋、散曲、杂剧、弹词，都有涉猎，其词和散曲，写得清新绮丽，蕴涵深厚。清代周逊在《刻词品序》中称他是"当代词宗"，其名作《临江仙》就是最好的例子，词的雄浑、刚劲与蕴意无穷，的确名不虚传。

　　　　滚滚长江东逝水，浪花淘尽英雄。是非成败转头空，青山依旧在，几度夕阳红。

　　　　白发渔樵江渚上，惯看秋月春风。一壶浊酒喜相逢，古今多少事，都付笑谈中。

　　该词后来被毛宗岗父子录为《三国演义》开篇词，一时天下皆知。20 世纪 90 年代，因电视连续剧《三国演义》热播，作为开篇唱的该词，随着著名演唱家杨洪基的演唱，至今还在广为流传。

　　杨升庵是有明一代著名的博学家，他不仅精通经、史、子、集、诗词曲、音韵、训诂、金石、书画等，对天文、地理、生物、医学等也有极深造诣。他在长期流放中，仍然"好学穷理，老而弥笃"（《明史·杨慎传》），在云南边塞荒凉地区，仍嗜书成癖，"书无所不览"，依靠"躬阅""载籍"，加上亲自到当地进行田野调查，努力学习当地民族语言，凭着苦学、实践、记录，他最终著作等身，后世把他与徐渭、解缙并称为明代三才子，而又以他居首。

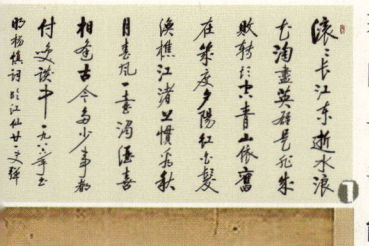

著名学者、在云南为官的李贽（李卓吾）评价说："升庵先生固是才学卓越，人品俊伟，然得弟读之，益光彩焕发，流光百世也……先生人品如此，道德如此，才望如此，而终身不得一试，故发之于文，无一体不备，亦无备不造，虽游其门者尚不能赞一辞，况后人哉！"杨升庵无愧于当时"博物洽闻"的文坛执牛耳者！

杨升庵与安宁

杨升庵流配云南时途经镇江，前去拜会杨一清。杨一清托付杨升庵多在安宁讲学授徒，培养人才。杨升庵果然在安宁遥岑楼盘桓讲学授徒，培养出一批出色人才。

杨升庵在滇36年，最早带着满身伤病被武装押解到永昌，由于他的名望和人品，颇受时任永昌太守严时泰和著名文化人张志淳、张含父子的关照。他们给他安排了一个小小的军中文书职差，让他免去了操练、站岗、放哨等苦差事。随后又想办法让他脱离军营，能够在三迤大地云游，探险搜奇，完成其文化使命。其中他住在安宁的时间最久，前前后后居然住了22年。

杨升庵对云南文化的贡献巨大，对安宁文化的贡献也十分巨大。

杨升庵到安宁的第二年，即嘉靖五年（1526年），获悉父亲在家乡罹患疾病，经上司允许，他日夜兼程，短暂赶回家乡新都探望父亲杨廷和，讲述自己戍边的遭际。他回安宁时，带来了父亲写给安宁太守王白庵的一首感谢诗《留寄安宁太守王白庵》：

寄谢安宁贤太守，遥岑新建慰吾儿。

❶书法作品《临江仙》（启功）

❷杨升庵批点《文心雕龙》

紫云官阙回瞻处，锦里江山入望时。

不羡已公茅屋赋，无烦录事草堂赀。

投壶散帙皆余事，又是南州一段奇。

杨升庵几度到洛阳山的法华寺游玩，还在洛阳山摹刻了著名的禹碑。一次游法华寺晚归寓所，游兴未尽，他在楼上与友人继续饮酒赏月，即兴写下了《游法华寺晚归再饮遥岑楼》诗一首：

罗绮绊山游，云林意转幽。

苔愁金履齿，花妒锦缠头。

阳焰红将敛，晴岚翠欲流。

清樽兴不尽，邀月坐岑楼。

杨升庵应该是安宁最著名的文化名片之一！杨升庵在安宁的文化贡献不胜枚举：他第一个在乱冢荒草中发现了云南唐代（武则天时期）名碑——王仁求碑，让安宁1200多年前的一段重要历史以及人物得以"复活"重现，为后人留下了极其珍贵的唐代文物。安宁人张素（时任湖广兵备道），从湖南岳麓书院拓回的"禹碑"，并请杨慎鉴赏，杨慎在旁释文，这是中国古代碑刻史上最重要的实物之一（岳麓书院原碑已消失），足堪珍重，而他的释文，让无法明白的中华远古"蝌蚪文"（象形文字的一种也称"鸟文"）也得以"复活"。他为曹溪寺撰写的《重修曹溪寺记》，为这个宋代寺院厘清了传承法脉。他文采飞扬的名句"古有连然金方，螳川宝地"，安宁人耳熟能详，今天的连然镇、金方温泉、螳川美景等等，都还联系着升庵的幽香文韵。他为安宁温泉留下了"天下第一汤""不可不饮"的手迹石刻，为他的老师杨一清留下的"四朝元老，三边总戎；出将入相，文德武功""相业四朝称第一，人文六诏羡无双"楹联、匾刻以及诸多咏赞安宁的诗文，都是安宁大地珍贵的文化遗产。安宁太守王白庵为迎接杨升庵到安宁专门修建的遥岑楼，杨升庵在此居住了多年，为此，致仕多年在家的杨廷和还专门作诗《留遥岑楼寄王白庵太守》以表感谢。升庵在此读书、作文、交游、思考，为名楼赋予了氤氲文气，无限风流，引起了当时文坛的瞩目，这是安宁的荣光。杨升庵生前还在安宁创建了一所"升庵书院"（现已毁，清人黄祺有七绝一首《题升庵先生书院》咏其事）名重一时，为中华传统教育事业发光发热……安宁温泉发现虽早，但在元朝以前只是个露天水塘，元末才盖上了数间茅屋，安宁温泉的真正扬名应始于杨升庵。杨升庵深爱安宁温泉，写下了不少有关温泉的诗文。在《浴温泉序》中，杨升庵赞叹云南温泉众多，但"以安宁之碧玉泉为胜"，称其为"天下第一汤"。100年后，伟大的地理学家、旅行家徐霞客来此游览、考察，也同意了升庵的看法，称众多温泉中"此水实为第一"。

云南成就"杨状元"文采风流

当然，杨升庵为安宁以外的昆明文化、大理文化、保山文化等等，都做出了卓越的贡献。据说，他还"通夷语"并翻译了用"夷文"写成的八百余卷《西南列国志》，可惜的是，这部意义重大、价值连城的著作，没有能够流传下来，成为云南文化研究上永远的遗憾。

但杨升庵的一生，正好是两个36年，前一个36年在宦海沉浮，"禀性刚直"，当然也读书、博览、思考、做文章，为不朽事业打基础；而后一个36年，却因蒙难而放逐于边地，终生未获赦免。但事物是两面性的，蒙难只是被逐出了官场、逐出了朝廷，而俯仰天地，杨升庵反而得到了最大的自由，遨游天地之间。他并没有自暴自弃，闲度日月，成为一个无所事事的所谓"天地之蠹"，饱食终日或怨天尤人，牢骚满腹，甚至投江自裁，而是精神不倒，在蛮荒之地破了天荒，宛然浇开了边陲大地辉煌文化之花，铸造了无边的诗意，捍卫了文化的尊严。换个角度看，千里贬谪云南却成就了一位明代文化巨人，这是杨升庵的幸运，也是云南大地的幸运，昆明以及安宁大地的幸运！

妙哉！"杨状元"文采风流，遗韵芬芳。

徐霞客：万里遐征与安宁踵踪

徐霞客是被称为"古今第一奇人"的大旅行家。他把"问奇于名山大川"当作一生的志趣，在他30多年的游历中，其足迹遍及当时的14个省，行程10万余里。他的一生，是用仁心和双足丈量祖国美丽河山的一生。这位大旅行家与安宁也有一段不解之缘。

徐霞客（1587—1641），名弘祖，字振之，号霞客，明朝南直隶江阴（今江阴市）人。著名旅行家、地理学家、生态学家、文学家。年少时期，这位"奇人"就把"问奇于名山大川""搜尽奇峰打草稿"当作了一生的志趣。他从22岁开始出游，直到明崇祯十三年（1640年）55岁时，因身患重病，才经丽江土司木增派人护送从一生万里遐征的"终焉之地"云南返回家乡，第二年就去世了。在30多年的游历中，徐霞客足迹遍及当时的14个省（今21个省、自治区、市），单装徒步，行程10万余里。他以日记体的形式详细记录了毕生大部分行履所至、观察所得，写成了被后世称为"千古奇人"书就的"千古奇书"——60余万字的《徐霞客游记》（有部分遗失）。这既是地理学、生态学上珍贵的文献，又是笔法精湛的游记文学，被后人称为"世间真文字，大文字，奇文字"！

万里遐征纪滇游

明万历十四年（1587 年）冬月，徐霞客出生在当时属于"东南财赋地"的经济发达地区的南直隶江阴县南喝岐村（今霞客镇）。徐霞客的家庭属于仕宦世家、书香门第，但徐霞客的父亲徐有勉，是个淡泊名利的人，对仕途兴趣不大，却喜欢大自然，喜欢平静悠闲的乡居生活，这对年幼的徐霞客颇有影响。

徐霞客自小天资聪颖，记忆力强，他特别爱读在当时被视为闲书、奇书的《古今史籍》《舆国方志》《山海经》等一类书籍。族兄徐仲昭记得，徐霞客经常碰到未见过的奇书，便倾囊购买，钱不够，干脆脱下衣服卖了换钱买书，自己背回家中收藏和阅读。几年下来，他所拥有的"奇书"，充栋盈箱，可以和"四库"书比美了！买"奇书"，读"奇书"，使得徐霞客对大川名山充满了无限憧憬。

徐霞客 19 岁时，父亲病故。3 年服孝期满，徐霞客萌发了外出游历名山大川的想法，贤德的母亲很支持他。母亲认为好男儿就应该志在四方，放眼天下，她对徐霞客的决定给予支持和鼓励。就这样，22 岁的徐霞客告别了书斋生活，开始实

旅行家徐霞客

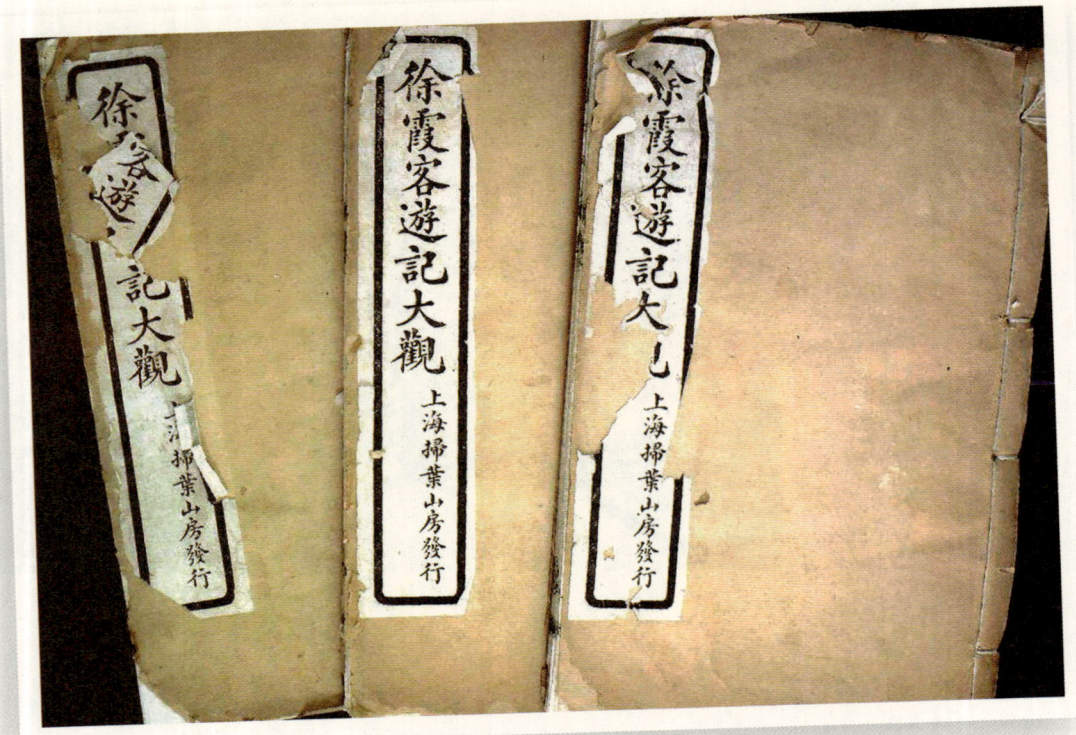

现儿时游历名川大山的梦想。此后，他历经34年，先后游历了大半个中国，要"达人所之未达，探人所之未知"，直至去世为止。

徐霞客对云南这片神奇的土地情有独钟，自51岁起开始西南之行后，他生命的最后时光大部分都在云南考察。这是他一生中外出时间最长、行程最远、收获最丰的一次旅行，也是他人生中最后一次旅行。

现存《徐霞客游记》中，有13篇是在云南写下的《滇游日记》，几乎占了全书一半的篇幅。《滇游日记》详细记述了云南的山川源流、地形地貌、风景名胜、人文风情等，价值非凡。

徐霞客的旅游不是一般意义上的旅游，他在行走途中，有地理考察、科学考察、人文探索、风情记录，还有生态思考、社会交往、文学描述等等。徐霞客喜欢探险与创新，尽量不走重复路线，越是别人不敢去的地方他越是要去走走看看，他要认真走一走、看一看自己没见过的风景。徐霞客的一生，是用仁心和双足丈量祖国美丽山山水水的一生，他的先进地理考察方法，几乎领先了西方一

《徐霞客游记大观》

个世纪。他在旅游、科学考察和文学等诸多领域的成就与业绩，一直受到后世的缅怀，后人尊称他为"古今第一奇人"！2011 年，中华人民共和国国务院通过决议：从 2011 年起，确定每年的 5 月 19 日（《徐霞客游记》开篇之日）为中国旅游日，徐霞客被尊称为"旅神"。

徐霞客在昆明也留下了浓墨重彩的篇章。

徐霞客于明崇祯十一年（1638 年）第一次抵达昆明，第一夜就住宿于南门外的顺城街。因为游历路线、交通、社会治安等等问题，他先后四次进出主城。在昆明期间，他的足迹到达了石林、宜良、呈贡、寻甸、嵩明、晋宁、安宁、富民、禄劝、东川，当然也包括今天的五华、盘龙、西山、官渡区。徐霞客当年对昆明地理考察的资料，至今依然是重要的史料，而他对滇池、盘龙江等水系的考察，泽被于今天。他在昆明期间，除了留存下来的《徐霞客游记》部分（《滇游日记》后有遗失）而外，他还写下了脍炙人口的《游太华山记》和《滇中花木记》等，与昆明当地著名人士唐大来（后来的担当和尚）、金公趾、严似祖（昆明忠烈名宦严清之孙）等交游，传播江南文化，学习云南文化。

浴于"天下第一汤"

据现存《徐霞客游记》记载，徐霞客在安宁其实只停留了两天，即明朝崇祯十一年（1638 年）十一月二十六日及二十七日。

十一月二十六日这天，徐霞客从晋宁与唐大来告别后，经过在昆阳一天的行程，来到了安宁州，"入其东门，阛阓颇集，乃沽饮于市，为温泉浴计"，当时徐霞客感冒稍愈，在街上沽酒喝后打算去泡温泉洗浴。

温泉摩崖石刻

在去往温泉的路上，他看到了题名"灵泉"的盐井，游览了"七窍通天""虚明洞""听泉""醉石""醒石"等泉石地貌奇观，看到了杨师孔（冷然）、何孟春（燕泉）、姜思睿、谱明等人的题句石刻，最重要的是看到了前辈杨太史杨升庵的手笔："此处不可不饮"（即现存之"不可不饮"石刻），"此处泉石幽倩，洞壑玲珑，真考槃之胜地"。再往下走，见"庐舍骈集"，就是温泉所在地了。温泉旁有庙庵，其北部又有一亭，高高地点缀在东边半山坡上，亭子的匾额上写着"冷然"，而温泉的正上面，又刻有"御风"两字，这全都是杨升庵所题的亭名。

在安宁温泉，太史杨升庵留下了太多的痕迹，徐霞客在被升庵誉为"天下第一汤"的温泉洗浴时，又回想看到的杨升庵的题字、书法，触景生情，隔空惺惺惜惺惺，他不禁为杨升庵宦途坎坷、最终流落云南的际遇，感同身受。他发出由衷感叹："杨君可谓冷暖自知矣！"徐霞客当天记录的安宁温泉如斯："池汇于石崖下，东倚崖石，西去螳川数十步。池之南，有室三楹，北临池上。池分内外，外固清莹，内更澄澈，而浴者多就外池。内池中有石，高下不一，俱沉水中，其色如绿玉，映水光艳烨然。"在浴于此温泉时，他的感受如何呢？

我们不妨来做一个统计。温泉是徐霞客地理考察的重要内容，具有较强的计划性和系统性。在《徐霞客游记》中就记载了20多处地下热水（温泉），而其中绝大部分都在云南，如曲靖石堡村温泉、晋宁观音山温泉、洱海卫练场村温泉、鹤庆北衙热水、盒罗尤邑温泉、洱源九气台与热水洞沸泉、永平石洞村温泉、西山白鱼口温泉、大理潭子铺温泉、凤庆县锡铅温泉、洱南牛街温泉、昌宁县鸡飞热水以及腾冲瑞滇热水塘、孟连温泉、大洞温泉、硫黄塘温水、大洞黄坡温泉、罗汉冲温泉、阿幸街温泉、保山金鸡温泉、塘子沟温泉、保山石子哨温泉等等，点多面广，特色各异，范围之广，数量之多，令人叹为观止！这里面当然不可能没有"杨状元"命名为"天下第一汤"的安宁温泉。徐霞客考察中，不但有这"天下第一汤"，而且还为它定了位："云南诸郡，汤池十七所，惟安宁州者最。石色如碧玉，水清可鉴毛发，虽骊山玉莲池远不及。""余所见温泉，滇南最多，此水实为第一！"也就是说，徐霞客肯定了杨升庵对安宁温泉的定义："天下第一汤"，名副其实！

有了杨升庵的评价，再有了徐霞客的评价，安宁温泉真正算得上是安宁大地上的无价宝贝之一了！

杨慎题"天下第一汤"
（国画）

神奇的安宁温泉之浴，一方面，洗去了疲劳与风尘，另一方面，也令徐霞客的感冒霍然而愈。从温泉洗浴出来，兴致颇高的他"散步西街，见卖浆及柿者，以浴热买柿啖之"。温泉旁的石崖石头，棱角分明，边沿锋利，嶙峋有味，徐霞客十分喜爱这些有个性的石头。洗完温泉，他又接着游历考察了螳螂川、云涛洞、青龙洞、九曲龙宫（应为龙窝，徐霞客误记为龙宫）等，最后来到宋代禅宗名刹曹溪寺。

夜宿曹溪寺昼观三潮水

走进曹溪寺，在曹溪寺大殿的东边和西边，徐霞客见到两块巨大石碑上，又是杨升庵写的碑文。他拂拭石碑，细读碑文，杨太史撰写的碑文不仅文辞优美，还让他知道了曹溪寺的来历以及安宁的沿革等等。他忙"觅纸录碑"，寺中闻名的优昙花树以及周边的圣泉名胜，都还来不及询问及探访。当天到晚，他只来得及录完一篇碑文，于是"是晚，炊于僧寮，宿于殿右"。

二十七日早晨起床，天气特别寒冷。因大殿左边杨升庵的碑文尚未录完，徐霞客早餐后又去录碑文。这个时候，"有寺中读书二生，以此碑不能句，来相问，余为解示。二生，一姓孙，安宁州人；一姓党，三泊县人。"三泊也是当时安宁州下辖的县，一代大师为安宁的两位书生认真讲解杨升庵为安宁写下的碑文，徐霞客真正堪称为人师表，德媲项斯了，这应该是永远留驻于安宁曹溪寺的一段美

徐霞客画像

徐霞客塑像

徐霞客
1587—1641

丽动人的人文佳话了！党生听完解读，热情地带着徐霞客，循着杨升庵碑文的指引，去观赏了曹溪寺中的优昙花，观看了碑文中说的"金酾"，名为"神泉"的地方，即"三潮圣水"（非珍珠泉，今温泉宾馆天下第一汤饮料厂内）。徐霞客对颇具奇观的"三潮圣水"十分喜爱，认真观察，用笔墨进行了详细的描绘和记录。

因为还有新的旅程要走，二十七日，徐霞客走完了在安宁的游程，当夜宿于安宁与碧鸡关交界处的高枧桥（属安宁），二十八日早晨才正式离开安宁境内。这一天，徐霞客考察并记录他所经过的安宁地域上的地貌、路线、风景以及风土人情，其中特别有趣的是，徐霞客记录了他所见到的安宁男女老幼的打扮特别是发髻的梳理、样式的情况，对于安宁的妇女的丰姿，徐霞客很赞叹。他说："南中所见妇女，纤足姣好，无逾此者"，也就是说，安宁的女人很养眼、很漂亮，是他在南中行走所见中最漂亮的……每次读《徐霞客游记》读到这里，都深为当年安宁女子的美丽风情感到骄傲。

徐霞客虽然与安宁只有短短的两天之缘，但这里的文化含金量极高，两天的行走与记录，为安宁，尤其是温泉文化镶上了成色十足的金边，徐霞客生命与文化的印迹是深刻而永恒的。

朱培德：戎马倥偬，追寻革命

祖籍安宁县连然镇的朱培德，是著名滇军将领、政治家、军事家。在革命年代，他始终站在时代的潮头，先后经历了辛亥"重九"起义、护国战争、护法战争、靖国战争、北伐战争等，战功卓著，威信崇高，他的一生，可谓是戎马倥偬，追寻革命的一生。

1907年，一位安宁籍的青年考入云南昆明陆军第十九镇营部武备学堂学习。翌年，由于云南陆军讲武堂成立，该营部武备学堂并入讲武堂，他被编入第一期步兵科丙班，与朱德、范石生、金汉鼎、唐淮源等日后成为叱咤风云的人物成为同学，接受严格的军事训练，走向革命。其中，他与朱德交情甚笃，学习勤奋，是品学兼优的模范学员，凡有外宾参观学校，学校当局往往指定他与朱德来作为学生代表指挥军事表演，名字中只相差一个字的两人，被同学亲切地称为"模范二朱"，他就是著名滇军将领、政治家、军事家朱培德。

朱培德（1888—1937），字益之，祖籍安宁县连然镇，因父亲朱秉堃任广通猴盐井山长，故出生于禄丰元永井（现云南省楚雄彝族自治州禄丰市一平浪盐矿元永井矿区），4岁时父亲病逝，他由叔父接回安宁接受教育。

朱培德的一生，可谓戎马倥偬，追寻革命，始终站在时代的潮头。他经历了辛亥"重九起义"、护国战争、护法战争、靖国战争、北伐战争等等，战功卓著，威信崇高，历任国民革命时期江西省主席，国民革命军军事委员会参谋总长、代理总司令、军委办公厅主任等。

朱培德 4 岁时父亲就去世了，他与长兄弟朱润德、朱树德被叔父朱秉鉴接回安宁，由祖母抚养长大。少年时他就喜欢弓马骑射、文韬武略。在讲武堂读书期间，他受到革命思潮的影响，常秘密阅读革命书籍，倾向反清革命并秘密加入中国同盟会。1911 年 8 月，朱培德毕业，任滇（新）军第十九镇三十七协（统领蔡锷）七十三标第二营第七队队官。仅仅两个月，他就有幸参加蔡锷所领导的云南"重九起义"，革命生涯走出了辉煌的第一步。

护国战争中的朱培德

1915 年初，中华民国大总统袁世凯要称帝的企图已经很明显。为了顺利称帝，袁世凯在各地都安插了许多眼目。一心要再造共和、反对袁世凯称帝的云南都督唐继尧，为有效排除袁世凯安插在自己身边的密探，以有效地为讨袁准备，将中央特使即授勋专员何国华派到滇南担任思普督办，特选朱培德护送，以作监控。朱培德奉命前往并不负所托，有效控制了何国华与袁世凯派的秘密联系，为护国起义顺利发起做出了特殊贡献。12 月 12 日袁世凯正式称帝，12 月 25 日，唐继尧、蔡锷、李烈钧等在云南昆明宣布武装护国讨袁，朱培德回昆明任云南护国军第二军（总司令李烈钧）第二梯团第一支队队长，身体力行，参加讨袁护国战争。

❶朱培德，国民党陆军一级上将，时任国民党军第五路军总指挥

❷为纪念护国运动而建的护国桥

护国战争中的朱培德，英勇善战，在桂粤取得了辉煌的战绩，为滇军树立了威名，为护国战争取得胜利做出杰出贡献，朱培德也成为声名甚炽的护国名将，被北洋政府授予陆军少将军衔，率部驻守广州市区。这一时期，朱培德加入了孙中山所领导的中华革命党。

民国建立后，除了袁世凯称帝，又相继发生了张勋复辟、北洋军阀独裁统治、贿选等问题。为维护临时约法、恢复国会，打倒北洋军阀专政的虚假共和，重新建立新生共和的民主法统，1917年9月1日，孙中山在广州发起"护法运动"。驻粤滇军成为孙中山可依赖的重要力量，朱培德奉命指挥第七旅（旅长张怀信，云南华宁人）、第二十一旅（旅长杨益谦，云南剑川人），保卫广东护法军政府大本营，成为护法中坚。1918年1月，代总统冯国璋委任段祺瑞为参战督办，出兵东南，企图以北洋军阀兵势推翻广东的革命政府。2月李根源到广州，任靖国联军第六军军长，朱培德回任第七旅旅长。3月初，龙济光的北洋军队逼近广州，孙中山及时调李烈钧为前敌总指挥，朱培德为梯团长，率领杨益谦、张怀信、赵德裕（云南保山人）三支队迎敌，25日克阳江。4月18日破高州，25日克化州，共歼敌万余人，粉碎了北洋军队的军事进攻。5月初，北洋军吴鸿昌、丁效兰部从江西进攻广东，李烈钧、李根源、朱培德奉命从南部移师北援。经过数天激战，朱培德梯团收复重镇南雄凯旋，驻粤滇军总司令部呈报唐继尧批准，朱培德升任驻粤滇军第四师代理师长兼广州警备司令。借胜利之庆，朱培德与大理人赵慧君女士在广州酒楼举行了婚礼，孙中山出席并主婚。

参与靖国战争

风云变幻的时期，朱培德紧扣时代大潮，接下来，他又参与了靖国战争和北伐战争。1921年5月5日，孙中山在广州就任"非

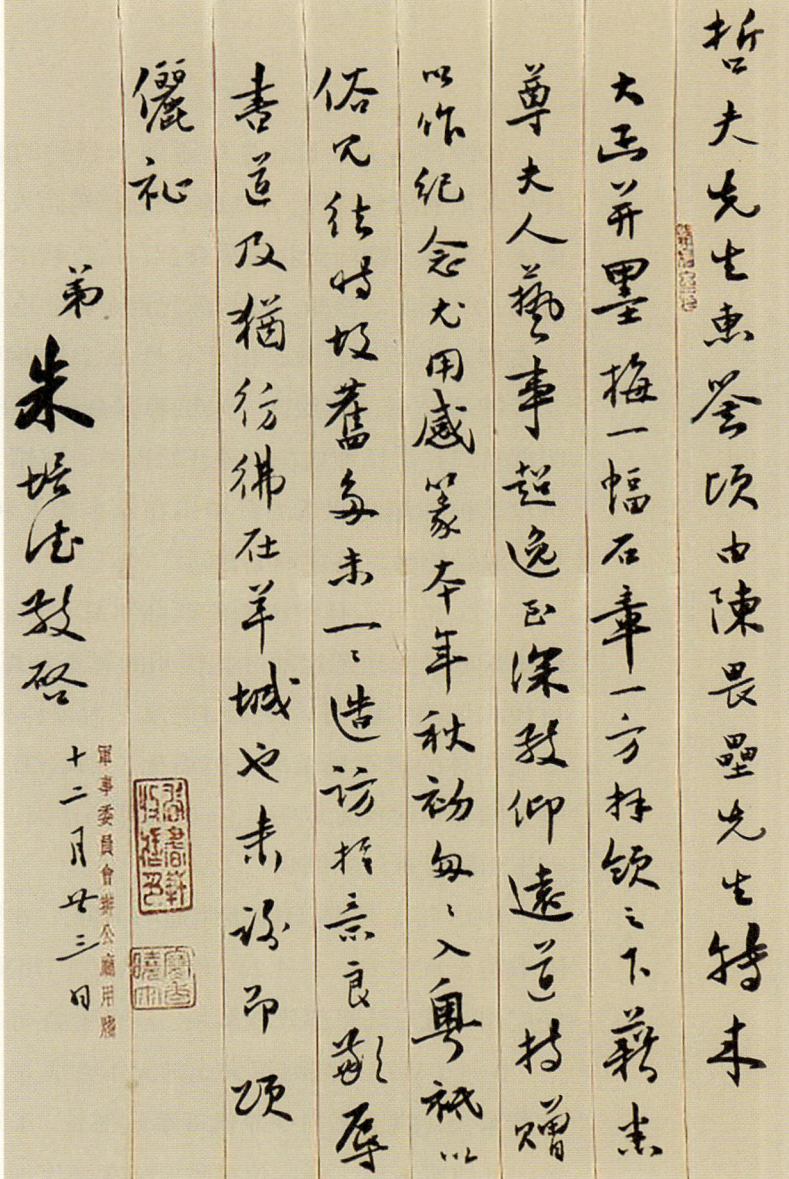

朱培德书札

常大总统"，在桂林组织北伐大本营，滇军杨益谦部不稳，电召朱培德相助北伐。朱培德取道香港转赴桂林，受到热烈欢迎，7月任援桂军第二路总指挥，参加讨伐桂系陆荣廷的战争。12月4日孙中山在桂林召开军事会议，调整指挥系统，朱培德任北伐大本营（桂林）参军长、中央直辖驻粤滇军总司令、第一军参谋长，第一军由朱培德率领的北伐滇军和彭程万率领的北伐赣军组成，朱率部全体加入中国国民党。

　　1922 年 5 月 4 日，朱培德随李烈钧的北伐第一军进军江西，任中路军前敌总指挥，击败陈光远、周荫人等部，继续前进，攻入南康，与粤、赣两支北伐军会合，猛攻赣南重镇赣州城。经半个月苦战，终于攻破赣州，赣督陈光远弃城北逃，朱培德迅速率军向赣江右岸追击败逃之敌。由于 6 月 16 日陈炯明叛乱，炮轰总统府，北伐被迫结束，李烈钧、朱培德奉命回师平乱。7 月 10 日与陈炯明部翁式亮、杨坤如在韶关开始接仗，对帽子峰守敌发动了猛烈的进攻，被陈炯明背叛的孙中山在永丰舰上获知北伐滇军的英勇精神，深受感动，特意致电慰问。

　　9 月 20 日，孙中山函广西陆军总司令张开儒与朱培德军合力讨陈炯明。朱培德运动驻扎梧州的粤军刘震寰，对广州宣告独立，讨伐陈炯明。10 月 1 日朱培德滇军占领桂林。12 月 8 日孙中山密令在桂林的滇军杨希闵、范石生、朱培德，桂军沈鸿英、刘震寰等会同粤军讨伐陈炯明，10 日滇军杨希闵、朱培德，桂军沈鸿英、刘玉山联合东讨陈炯明。

　　1923 年 1 月 15 日陈炯明通电下野，16 日滇桂军进入广州，讨陈取得全面胜利。2 月 21 日孙中山返广州重建革命政府，朱培德任广州军政府陆军部代理部长、广州警备司令、大本营副官。

　　3 月 1 日广州陆海军大元帅大本营成立，朱培德被任命为大本营参军长、拱卫军司令兼代理军政部长。4 月，朱培德率部会同杨希闵部滇军入粤，任广州军政府陆军部代理部长。当时驻广州的部队庞杂，有的居功自傲扰民滋事，朱培德以"革命未成，责任重大，须淡泊自甘，勿为利诱"告诫约束下属，使所率部队保持了强劲的战斗力。不久，朱培德与支持孙中山的各派将领又通力合作，击败了陈炯明的反扑，广州解围，朱培德更加得到孙中山的器重与信任，孙中山亲切地称赞朱培德为革命"虎将"。

北伐战争展现卓越军事才能

1924 年 9 月 4 日，孙中山在大元帅府召开筹备北伐会议，决定湘、赣、豫军全部参加北伐，滇、粤两军则各抽一部参加，并将大本营迁到韶关，仍由朱培德担负拱卫任务。10 月 13 日广东重组军事系统，朱培德任建国军第一军军长、建国北伐军右翼总指挥，兼任禁烟会办。

1925 年 7 月 1 日，广州国民政府成立，朱培德成为 16 名国民政府委员的第 14 位，任军事委员会委员兼军需部长。7 月 26 日广州军事委员会议决各军改称"国民革命军"。8 月 4 日滇军改编为国民革命军第三军，17 日国民党政治委员会通过以朱培德为第三军军长，26 日正式任命，辖第七师（师长王均）、第八师（师长朱世贵）、第九师（师长朱培德），共产党员朱克靖等在滇军工作。

1926 年 1 月 16 日，朱培德被选为国民党第二届中央执行委员会委员，22 日选为中央执行委员会常务委员。2 月 1 日选为国民党中央政治会议委员，2 月 22 日国民党政治委员会改军需局为军需部，以朱培德为部长。3 月 8 日任命朱培德为军事委员会军需部部长。3 月 20 日广州发生"中山舰事件"，军队中的共产党员和进步人士遭到迫害。朱培德则以军长职权将迫害本军共产党的教育长熊式辉撤职，并慰问本军全体受害政工干部，联络第二、四、六军，准备制裁蒋介石，但各军各怀心思，朱培德无能为力。

1926 年 7 月 9 日，国民革命军在广州东校场举行北伐誓师大会，总司令蒋介石检阅部队，朱培德担任检阅总指挥，部队出发时编为左、中、右三路军，朱培德为中路军，其任务是策应左右两路，第三军开入湖南衡阳、株洲，集中醴陵。8 月 14 日蒋介石令以第二军、第三军及赣南独立第一师（即赖世璜之江西第四师）为右翼军，朱培德兼任总指挥，对江西暂时采取守势。9月1日北伐军决定兵分三路进江西，朱培德任赣西一路总指挥，辖第三军和第二军，实力雄厚。在与军阀孙传芳部的激烈战斗中，朱培德充分展现了其卓越的军事才能，部队节节胜利之际，北伐军总司令蒋介石激动地向朱培德致电说："三军不为人所料，中正亦有荣焉！"11月6日朱培德部占领九江，8日占领南昌，江西战事结束，朱培德任南昌警备司令、江西临时政务委员会代理主任委员。

1927年4月，朱培德就任江西省政府主席。4月6日被武汉国民政府任命为国民革命军第一集团军（总司令蒋介石）总预备队总指挥。1927年4月18日，蒋介石在南京成立与武汉对立的另一个国民政府，朱培德又被任命为政府委员。出于对民国的忠诚，朱培德5月12日在湖口与李宗仁会晤，商宁汉关系，南京、武汉间形势因李宗仁、朱培德之会晤而和缓，双方决定继续北伐。在纷繁复杂的政治形势中，朱培德始终出于公心，在各派间斡旋，毫不计名位，所以他也得到了各派的拥戴，成为一位举足轻重的政治家、军事家。

参与解决西安事变

1929年的蒋桂战争、1930年中原大战等，朱培德最终帮助蒋介石结束军阀混战，实现了全国统一。他先后任国民革命军代总司令、军事委员会参谋总长、国民革命军战史编纂委员会委员长等职。1935年4月2日，朱培德与阎锡山、冯玉祥、张学良、何应钦、李宗仁、唐生智、陈济棠等八人被国民政府授予国民革命军陆军一级上将。1936年12月12日，西安爆发，蒋介石被扣，中央常务会议及政治会议决定何应钦、程潜、李烈钧、朱培德、唐生智、陈绍宽为军事委员会常务委员，军事委员会最后采纳了朱培德的建议，用和平方式解决了西安事变，朱培德关键时刻又立下了一桩历

史大功。

朱培德同情中共革命，1926年中山舰事件发生后，第三军军校教育长熊式辉想步蒋介石后尘，包围第三军政治部，清除中共政工人员，结果被朱培德解了职。1927年四一二反革命政变后，朱培德冒着极大的风险把共产党人朱德和进步文化人郭沫若迎到南昌，任命朱德为第五方面军总参议、第三军军官教导团团长、南昌市公安局局长。郭沫若在此写下了著名的讨蒋檄文《请看今日之蒋介石》。在蒋介石破坏第一次国共合作，全面清洗共产党员和革命志士时，朱培德则以文明的方式礼送三军中的人刘一峰、李松风、方志敏、王枕心等共产党人，在动员会上他表示："留者欢迎，走者欢送，朱某决不给兄弟们为难。"分两批用专车送往武汉，每人发给三个月伙食费及旅差费。对朱德，朱培德仍像从前一样信任，甚至在1927年7月下旬，朱培德在已觉察到朱德、贺龙、叶挺等联系密切，必有重要举动的情况下，不仅不控制朱、贺、叶等人，反而差遣手下干将、亦为朱德同学的王均到遂川掌握部队，自己则向蒋介石请假上庐山疗养。南昌的军政要务统由朱德处理，在客观上为南昌起义提供了方便条件。

1931年"九一八"事变后，朱培德主张坚决抗战，作为全国军事幕僚机关的负责人，他在南京政府总参谋部实际主持了加强国防建设、积极抗战的许多前期工作。朱培德在入主参谋本部不久，就集合人才开始研究中日两国的势

❶朱培德像

❶讨蒋檄文《请看今日之蒋介石》

朱培德任军长时的照片

态，拟出抗日战略及建军计划的初稿。他认为，野心勃勃的日本军国主义分子将在"短期"内发动武力侵蚀中国，中国终必以武力抗御来保全民族与国家。但中国当时面临着国内尚未统一，国穷力散，一切落后的劣势情况，急务是加紧统一团结，整建军力，加强人民及社会的抗战意识及持久战力。中国须用政治、外交及军事方法来尽可能地滞缓日本的侵略行动，争取更长的备战时间。朱培德拟订了组建国防委员会、规划与构筑国防工事、整理军队和校阅军队的军事计划，基于自己的观察，提出中日争端可能成为"世界战争之发端"，可谓是先见之明。

出师未捷身先死

非常遗憾的是，1937 年 2 月 17 日，在国民党召开五届三中全会期间，朱培德因感冒被护士失误注射了德国进口的抗贫血药剂，引起血液中毒，不幸在医院去世，终年 49 岁。朱培德临终前，对到南京鼓楼医院看望他的蒋介石交代了三件事，表现了阔大的胸怀和悲悯情怀：一、抗战在即，国力有限，我死之后，请从简安埋；二、家属子女，让他们自食其力，不要因我而优厚照顾；

三、不要怪叶小姐（他的家庭护士），这是我们国家医学不发达，不能解除病毒。

朱培德去世的噩耗传出，全国震惊，军政各界无不为之痛惜，国民政府为他举行了"国葬"。并明令颁布褒扬令："陆军上将军事委员会常务委员兼办公厅主任朱培德，精娴韬略，智能兼赅。早岁追随总理，效力革命，迭膺军机重任，北伐之役，总领师干，肤功克奏。厥后出绾疆符，入襄枢政，勤劳懋著，勋望益隆。近年辅佐元戎，运筹帷幄，尤能殚精擘划，宏济艰难，心膂股肱，正殷倚畀。乃因积劳致疾，遽尔逝世，缅怀往绩，悼惜殊深。应即依照国葬法特予国葬，葬费量从俭约，借以符其淡泊之素志，生平事迹，存备宣付国史馆，用彰勋荩而励来兹。此令。"

朱培德去世后被葬于南京小行凤凰山，2001 年 4 月，因南京市需要在凤凰山兴建地铁站，朱培德墓被迁至普觉寺公墓。朱培德一直受到后世的尊重与敬仰。

岳飞后裔献出《岳氏宗谱》

　　这里要提到的这位历史人物，大名鼎鼎，他就是南宋时期著名的抗金名将岳飞。

　　岳飞与安宁有什么关系？远隔数千里，岳飞与安宁是怎么扯到一起的？这要从 1978 年岁末的一个偶然发现说起。

安宁发现《岳氏宗谱》

　　据安宁县文化馆、县地方志办公室的李庚禹介绍，当年岁末，在与友人的闲谈当中得知，岳飞的第 32 代后裔岳万云家生活在安宁北冲中村，家中藏有岳飞家谱。于是，他与有关方面进行了访问和借阅，在岳万云的家中，见到了共十三卷的《岳氏宗谱》（缺第五卷，以下称《岳谱》）。经研究鉴定，该谱系清道光年间所修，是迄今存世的道光版《岳谱》孤本。

　　《岳谱》在安宁的发现，一时震惊海内外，特别是经过媒体披露后，由于岳飞的名气，研究宋史、岳飞家世、封建家族制度的专家、学者，纷纷关注起此项发现，安宁一时成为学界关注焦点。当时风靡一时的评书《岳飞传》的讲述者、著名评书表演艺术家刘兰芳等也专程到安宁来拜访保管着《岳谱》的岳飞后裔。

　　岳飞（1103—1142），字鹏举，相州汤阴（今河南省汤阴县）人。岳飞从 20 岁起，他先后四次从军。自建炎二年（1128 年）遇宗泽至绍兴十一年（1141 年）止，先后参与、指挥大小军事战斗

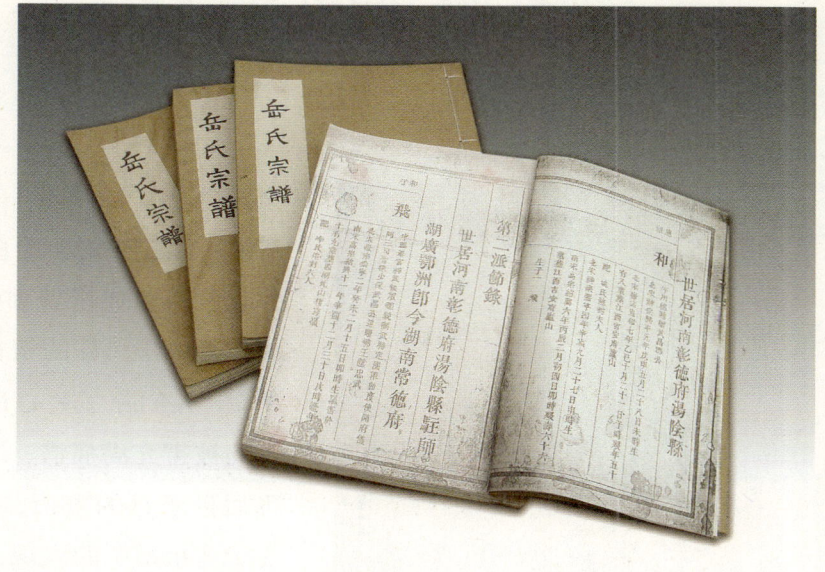

数百次。金军攻打江南时，独树一帜，力主抗金，收复建康，是南宋初期武装抵抗派的代表。岳飞是杰出的统帅，他重视联合军民共同抗金，缔结了"联结河朔"之谋，主张黄河以北的民间抗金义军和宋军互相配合，以收复失地；治军赏罚分明，纪律严整，又能体恤部属，以身作则，其率领的"岳家军"有"冻死不拆屋，饿死不打掳"的作风。岳家军威名赫赫，金军乃有"撼山易，撼岳家军难"的慨叹。绍兴四年（1134年），岳家军收复襄阳六郡。绍兴六年（1136年）开始，岳飞率师北伐，顺利攻取商州、虢州等地，先后收复郑州、洛阳等地，在郾城、颍昌大败金军，进军朱仙镇，军事形势一片大好。但宋高宗赵构和宰相秦桧却一意求和，以十二道"金字牌"催令岳飞班师。在宋金议和过程中，岳飞遭受秦桧等人诬陷入狱，最后以莫须有的罪名，与长子岳云、部将张宪一同被害于大理寺风波亭。宋孝宗隆兴元年（1163年）时，岳飞被平反昭雪，以礼改葬于西湖畔栖霞岭，谥武穆，后又追谥忠武，追封鄂王。岳飞的文学才华也是非凡的，其代表词作《满江红》便是千古传诵不绝的爱国名篇。

岳飞崇高的民族气节和爱国主义精神，800多年来，一直受到后世尊崇、敬仰，其英雄事迹也广为流传。南宋晚期另一位名垂青史的抗元英雄文天祥就以岳飞为榜样，"精忠报国"，

发现于安宁北冲村的《岳氏宗谱》

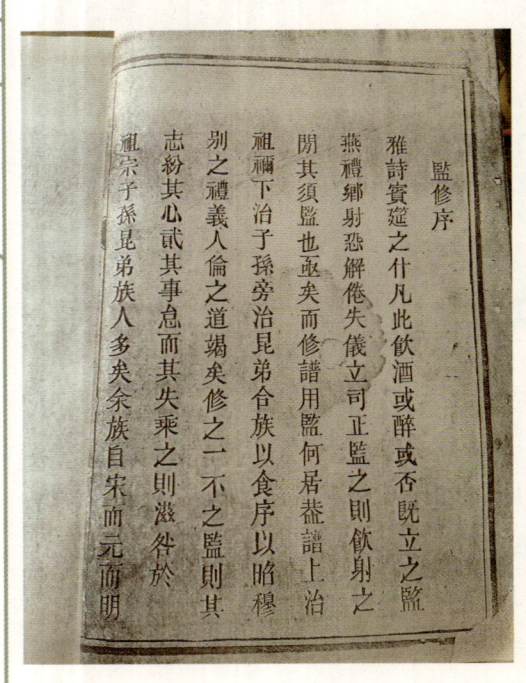

别之禮義人倫之道竭焉修之一不之監則其
祖禰下治子孫旁治昆弟合族以昭穆
朗其須監也亟而修譜用監何居益譜上治
燕禮鄉射恕解倦失儀立司正監之則飲射之
雅詩賓筵之什凡此飲酒或醉或否既立之監

監修序

志紛其心貳其事怠而其失乘之則激咎於
覿宗子孫昆弟族人多夫余族自宋而元而明

《岳谱》监修序

文天祥说："岳先生，我宋之吕尚也。建功树绩，载在史册，千百世后，如见其生。"伟大的革命先行者孙中山评价说："岳飞魂，是中华民族的精神代表，也就是民族魂。"人们除了关心岳飞的生平，对他父子的被害充满痛惜、缅怀之情之外，对岳飞后世子孙的繁衍、发展，也十分关心。安宁《岳谱》的发现，为研究岳飞以及相应史学、社会科学提供了重要的参考资料，其意义不言而喻。

现存的《岳谱》完整版在湖南衡东县，称为《岳氏四修宗谱》，应修于1942年。从道光年间创修的这个体系《岳谱》，总共修过四次：道光十九年（1839年）创修，同治十二年（1873年）、光绪三十二年（1906年）及民国三十一年（1942年）续修，依据修谱原则与惯例，每次续修，必须把前修版本收回销毁。安宁出现的道光版《岳谱》应该属于当年应销毁版本的"漏网之鱼"，它是怎么偷偷保存下来的，现在还是一个谜。

《岳谱》展现中国传统谱牒文化

经观察研究分析可以看出，安宁发现的《岳谱》系优质绵纸（因年深日久而呈深黄色）装帧，线装16开木刻本，本高26厘米、宽17.7厘米，围以外粗内细的双边线，鱼尾折口，折口上方有"岳氏宗谱"四字，下脚有"修齐堂"三字。全书共十三卷，30余万字。封面无存，卷页杂乱，缺卷五、卷一、卷八残缺严重。

从《岳谱》中可以得知，它是岳飞之父岳和的二十七代孙岳永信，二十八代孙岳兴兰，二十九代孙岳文球、岳文璘、岳文星、岳文迅等族人于道光十九年共同创修于湖南省衡东县（《岳谱》原载县名为衡山县）沈陂塘村的"岳氏宗祠"（宗祠1979年被拆除）。"修齐堂"是引用儒家"修身、齐家、治国、平天下"之义，定作宗族进行修谱的堂名。道光《岳谱》创修后，刊刻、印发了48套，分给各支长房保存。

总修序文中称："余族株守墨谱盖有年矣，族先辈久欲梓之……"说明岳飞家谱从云南通海县岳家营二十七代孙岳永贤、二十八代孙岳兴春的字辈格例，以及四修本续修序文中，皆可肯定创修道光木刻版本之前，该族人对世系递衍记录，全来自早年的"墨册"，结合从十九代就制行的《字班诗》推断，《岳谱》的创修基础早在明朝中期即已形成。

《岳谱》内容包括圣谕、上谕、忌讳；杨键、许长春、文岳英、岳兴兰、岳文球五人的源流序文；长房至五房分支序言；倡修、编修、总修、纂修、校阅、督修、临修、房修、凡例、家规、修谱要略、族亲服嘱、谱式要略、修谱真谛；附忍字箴、座右铭、班行诗、引附诗；和公派下节录、各房世系失稽补遗节录附；还有沈陂塘、祠堂、寓所、码头、田产契约、粮公、章祠公、四礼以及各地坟山墓图形，一概通过文字或绘图入载。和公系指岳飞之父岳和，本谱之始祖。其派下的世系递衍，全以长子为系衍。内容主要记载长子一支，将八百多年家族繁衍史全载入册，这在民间收藏的族谱中，确属罕见。

岳文球在谱的《源流序》中说："从来千章之木必有其

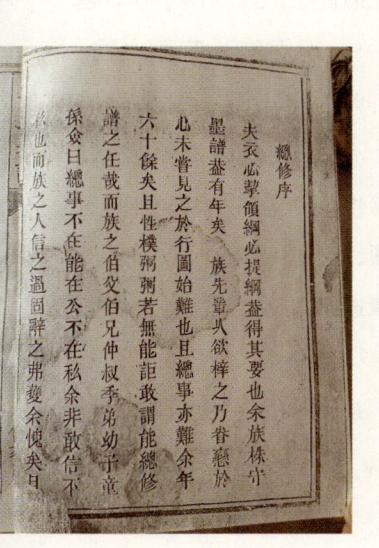

本，千里之水必有其源，本源因可忘哉。而人之于祖亦然……嗟乎！房又分房，支又分支，如木之丛生，如水之分注，由一而散之十，十散之百，百散之千，千散之万，而终归于一也，本源因可忘哉……俾一族之人亲其亲，长其长，不致于相视如途人焉……"说明了他们修谱的目的与责任。他又说"吾族出自神农之裔，始山西，继籍河南汤阴，盖周武，封神农之后于焦，有以国为氏者，其支子未与封，以其先官四岳，因姓岳焉。秦汉而下，多有不传，及宋始著，故鼻祖断自和公……"他明确岳氏之姓是神农后裔，因官因国而为姓氏。始祖为神农，但长期不传，故从北宋开始，以岳和为鼻祖，岳飞为大宗，说明了《岳谱》岳氏受姓断代的缘由。

安宁《岳谱》的研究价值

《岳谱》中岳氏从岳和（初祖）开代至二十四代孙，记录较详细，二十五代后便生卒年月失考，故这次创谱、修谱意义重大，特别是二祖岳飞的名气和重要性，对家族至关重要。时任湖北省巡抚、衡阳十大廉吏之一的杨键为《岳谱》作序时说："相距数千里……音问不以时通，彼此未由面识，一旦道路相逢，几何不秦越视之耶！……余惟尊祖故敬宗，敬宗故收族……况君家为明德之裔，阀阅名家，士林景慕，籍属既别，源可溯，俾后世子孙，缅精忠之遗烈，思纯武于前光，知必有奋然而兴者，以是收族，以是敬宗，即以是尊祖，继继承承，正未有艾，则是谱也，夫岂徒为办明穆合族姓聊以备稽考云哉！"杨序可谓提纲挈领，宗旨明确，希望岳氏晚辈，珍惜自己是岳飞的后裔，要继承先辈遗风，奋发图强，做国家的栋梁，为国家与民族争光。

国史、方志（地方史）与谱牒（家谱）是史学的三大支柱。抗金名将岳飞是一个光辉的名字，举世瞩目，其家谱在安宁的发现与研究，厘清了许多岳飞研究、宗法社会制度研究等领域的诸多

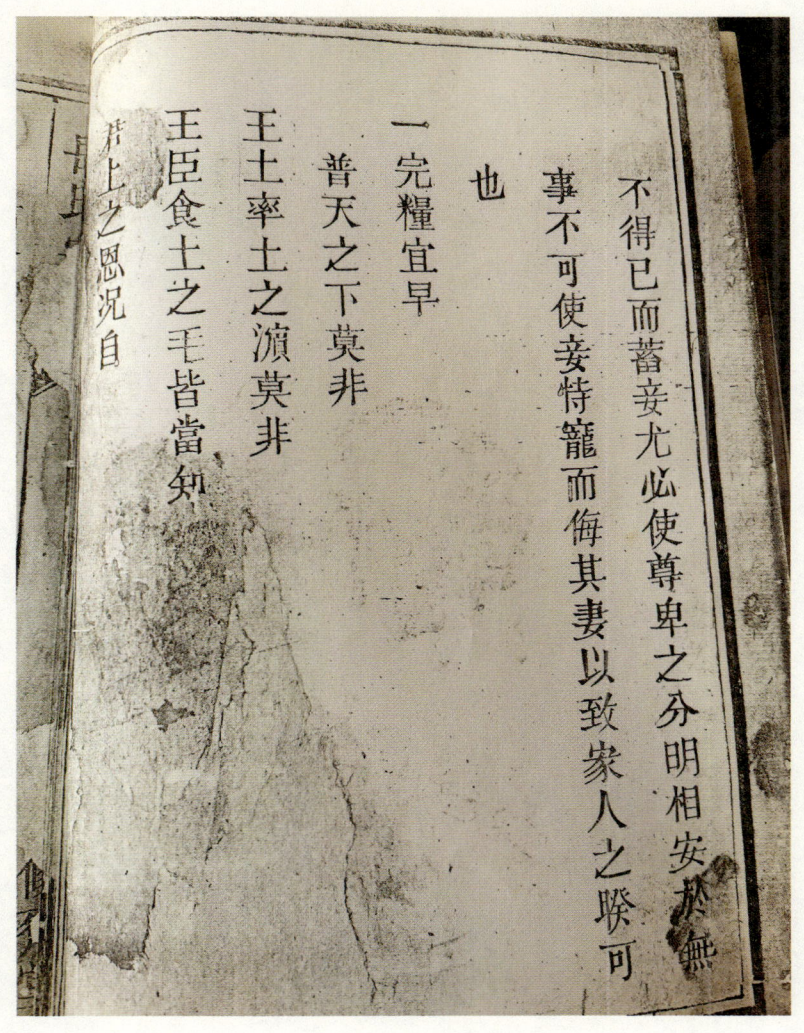

误传，当然也为这些研究设立了一些新的谜团，有待去解开。《岳谱》的发现与研究，也为岳飞家族世系与云南的关系、岳飞后裔在云南各地分布、发展的情况等等，提出了有效的研究途径。安宁的岳飞后裔已经将珍贵的孤本《岳谱》捐献给国家（现藏昆明市文物管理委员会）。这部珍贵的谱牒文献，将在相关研究以及弘扬岳飞爱国主义精神方面，发挥其独特的作用。

《岳谱》内页

文物园林载承悠远文脉

　　文物园林承载灿烂文明，传承中华历史文化，维系民族精神，体现自然生态，是老祖宗和大自然留给我们后人的宝贵遗产。安宁历史文化底蕴深厚，文物、园林众多，王仁求碑、太极山汉墓、法华寺石窟与禹碑、曹溪寺、连然文庙、摩崖石刻群、遥岑楼、永安桥、炼象关、读书铺、大巷口、楠园等等，无不是安宁历史文化城市的灵魂，承载着安宁的悠远文脉。

从远古遗韵到王仁求碑

安宁是千年盐铁名城，境内文物数以千计，星罗棋布，充分展示着安宁文化名城的历史风韵。

一六街乡出土恐龙化石

目前安宁境内距今最久远的文物古迹当属一六街乡出土的恐龙化石，从 1956 年发现化石以来，已先后出土多处恐龙化石。通过研究，这些化石属于中生代三叠纪后期到侏罗纪时代的恐龙时代，距今一亿八千万年至一亿三千万年，与著名的楚雄禄丰恐龙同属中生代，是研究古生物的重要依据。安宁境内的恐龙化石发掘和整理工作，曾经由云南省博物馆原馆长、著名气象学家陈一得主持，成果喜人。1995 年，一六街乡恐龙化石保护区被公布为县级文物保护单位。

旧石器及新石器时代遗址

安宁境内有一个旧石器时代的遗址，它就是位于连然镇小澌塘附近的小澌塘旧石器制造场遗址，遗址在 1987 年被发现，将安宁

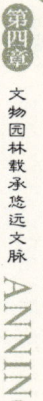

❶草铺王家滩新石器
时代遗址
❷一六街乡恐龙化石
保护区

的历史推前到了一万多年前的考古时代更新世晚期。遗址
中的石制品以及刮削、砍砸类石工具对旧石器时代洞外旷
野型遗址研究，具有重要意义，它们是研究史前史和人类
进化史的一个节点。

　　从旧石器时代进入新石器时代，安宁的文物（遗址）
链是延续的。1952 年以及 1980 年和 1983 年，安宁分别在
王家滩、连然镇、小龙潭、海资村发现了四处新石器时代
遗址，其中后三项已被公布为县级重点文物保护单位。这
四个新石器时代遗址中，没有一个属于贝丘遗址，全部属
于洞穴遗址和烧制陶器的窑址，它们证明了新石器时代有
古人类在安宁土地上生活的史实，也大致显示了他们生活
的形态。

太极山汉墓

太极山汉墓的发现，揭开了战国时期到汉代安宁历史的一角。众所周知，那个时期属于庄蹻开滇后的滇国统治时期，通过发掘与研究，太极山汉墓群属于滇国中下层奴隶主墓葬群。这为研究滇王统治时代的安宁奴隶制社会历史，提供了宝贵的实物佐证资料。

安宁远古时期的历史文物（遗址）虽然零星存在，但它们依然串起了远自万年前悠远的历史的脉络。沿着这样的脉络前行，我们会不时听到历史深处神秘而悠远的回音。

引人瞩目的王仁求碑

假如我们把穿越历史重重迷雾，探寻安宁历史文化称为一次历史文化旅行的话，那么，王仁求碑就是探寻安宁历史文化发展过程中，一块具有"里程碑"意义的"重量级"的文物碑刻。王仁求碑是整个昆明地区目前为止所发现的唯一一块唐碑（武则天时期）。此碑 1965 年被公布为省级重点文物保护单位，2006 年则经国务院公布为第六批全国重点文物保护单位。

此碑为什么重要？因为它弥补了一段云南历史上错综复杂的重

太极山汉墓发掘现场

王仁求碑

大历史事件中正史记录的不足，同时碑文及其书法，反映了碑刻诞生时期文化发展的水平，极具研究价值。

王仁求碑碑名是"大周故河东州刺史之碑"，该碑位于安宁市鸣矣河乡小石庄村葱蒙卧山东麓，系碑主王仁求之长子王善宝立于唐武周圣历元年（698 年），距今已有 1300 多年，当时的著名文人、成都间丘均撰文，王善宝书丹。碑为砂石质，通高 2.81 米、宽 1.5 米。赑屃座，圆首，上镌碑名十字，并浮雕双龙及佛像一龛。碑文正书 34 行，共计 1740 余字。碑文中有武则天颁布的部分创新文字。

王仁求碑的碑文主要介绍碑主王仁求的生平和业绩，赞述王仁求任河东州刺史期间，一面建议唐廷设置姚府以西 20 余州，并对之开发管理，一面又助唐将梁积寿讨平阳瓜州刺史蒙俭与土酋和舍之乱，而立有战功。碑文中赞叹说："夫神有所服谓之威，名有所宗谓之德，威非大者则不能以率服，德非厚者则不能以独宗。是故灵凤腾绝于云气，附从众鸟，猛虎耽踞于山林，震恐百兽。岂其綷饰毛羽，以求嘉类之殊，磨利爪牙，以取雄群之势；盖云：才，力所素出；苞，象所自全，固其然也。抑闻赭汗明珠，多从于西域；异物奇玩，必致于南州，期于服用法驾，充光内府，千金是资万乘为器者，何必顾池隍而先贵，黜幽荒而靡录哉！……"从碑文中可知：王仁求是安宁郡人，系西爨白蛮大姓酋长，仕唐，拜河东州刺史。祖辈从山西太原迁居到河东州已十有余世。远祖是官宦人家，故很注重承袭祖先忠节义气之类的传统家风。具有运用治理群物的才干，胸怀戍卫边防的韬略，朝廷遂封任为河东州刺史之职，总管河东州军事、行政，加封上护军衔。他教辖区民众以生聚之方，开其资财之道，兴水利，丰林木，是故州民，内足以养老尽孝，外足以事上供税。徭役公平，发展生产，人心服悦，八方归顺，使人民安居乐业，是一位贤吏。672 年，阳瓜州蒙俭、和舍两酋长叛唐寇边，王仁求配合大军转战，讨平叛军，收复失地，滇西仍为朝廷管辖。唐高宗上元元年（674 年），王仁求"寝疾而终"，享年 44 岁。王仁求死后 24 年的 698 年，安葬于葱蒙卧山。其"长子云麾将军、行左鹰扬卫翊府中郎将、使持节河东州军事、河东州刺史、上轻车都尉、新昌县开国子"王善宝始为之安葬、立碑，专请武则天时太常博士、益州成都人间丘均撰写碑文。

正因为请了间丘均撰文，所以碑文文辞雅驯，碑文中使用了武则天时创造、改写的新字。间丘均在当时文名很高，诗圣杜甫有《赠蜀僧间丘师兄》一诗，诗中"世传间丘笔，峻极逾昆仑"的"间丘"指的就是间丘均。我们今天来读王仁求碑碑文，其"峻极"的文风并不难体会到。

王仁求碑中讲的河东州建置并不见于新旧《唐书》，有研究者认为，其地在元代赵州（今大理市凤仪镇）一带，地处西爨白蛮与阳瓜州乌蛮辖地之间。其实不然，依据众多材料考证，"河东州城在（三泊）县北十五里，唐河东州城置于此。土人称为'华纳城'，天宝中废""河东故城，在安宁州东南葱蒙卧山之东，土人呼为'华纳城'"（见《读史方舆纪要》及旧《云南通志》），杨升庵对此有考证，"华纳城即河东州城"，现为安宁八街镇二街办事处所辖。王仁求碑确实在多处弥补了正史的缺遗。

王仁求碑的发现还得感谢在安宁寓居多年的明代"一代文宗"——"杨状元"杨升庵。将近 500 年前，杨升庵在《过石庄村访唐河东州刺史王仁求碑》的五律中写道：

一

唐代河东守，周朝历圣时。
土花封绿字，石发被金碑。
泣露麟犹卧，嘶风马自悲。
荒原谁过问，郡乘不曾知。

二

鸣矣古河东，川原势亦雄。
城荒吊华纳，山远问葱蒙。
玉筋埋天禄，银钩剥画虫。
间丘名姓在，乡衮仰清风。

诗中记述他从花草乱石中找到掩埋于土堆内的王仁求碑的情景，他很感叹：这么重要的碑刻，为什么就无人过问此事，连地方史志书籍，也从未记载此碑的情况。杨升庵醉心于发现，在安宁寓居的 20 多年中，几乎踏遍了安宁大地的山山水水，正是他与当地友人寻碑访古找到这块唐代"金碑"的。安宁人张禺山有《有寄杨慎诗己亥（即嘉靖十八年，1539 年）秋月寄升庵（八首）》组诗纪其事。组诗的第八首云：

> 云净天高秋色清，独倚江楼何限情。
> 群投红树鹳鹤响，对浴白波鸥路明。
> 归心遥挂锦官阁，古迹远行华纳城。
> 他日天教作穿雨，霜钟荆玉皆洪声。

杨升庵又有《与简西峃采菊三泊山中是夕对屏余尹邀饮因赠》一律说到此事：

> 九月幽人采菊行，一樽清圣醉兰生。
> 玲珑晴霭葱蒙市，窨粟秋风华纳城。
> 刺史声谣留郡乘，太常文藻照桓楹。
> 翠屏近对它山夕，锦览遥牵阆水情。

明嘉靖十八年（1539 年）九月寻访得王仁求碑的当晚，杨升庵还受到安宁三泊县令的热情接待，席中还有多年同居安宁，交游甚为密切的文友简西峃。当时杨状元兴致很高，故以诗相赠，"刺史声谣留郡乘，太常文藻照桓楹"说的正是王仁求碑。

经杨升庵为安宁发现的王仁求碑，从此成为安宁的宝贝文物，价值很高，名气很大。此外，要补充一点。在王仁求碑的后面 300 余米，现还保留有两座唐代古墓，即王仁求、王善宝父子墓，为清乾隆时期云南布政使、金石学家王昶所修，因为王仁求以及王仁求碑的影响力，王仁求父子墓也成为大家关注的焦点，1985 年王仁求父子墓被公布为县级重点文物保护单位。

法华寺石窟与禹碑传奇

在云南，有很多石窟造像，最著名的首推大理剑川石钟山石窟。石钟山石窟天下闻名，但被排在石窟造像第二位的安宁法华寺石窟，知道的人就不太多了。

法华寺石窟

法华寺石窟位于安宁市东面小桃花村后的洛阳山腰，顾名思义，此地原有古寺，名法华寺。石窟造像居寺后陡峭的红砂石崖壁上，以寺得名，故称法华寺石窟。今天的石窟，虽然经过了1982年至1985年的维修保护，但石窟已经损坏十分严重，石窟的四个部分现状分别如下——

第一部分：两龛佛（菩萨），一为观音，一为地藏，除坐姿尚在，二尊菩萨像已在1967年"破四旧"中被毁。第二部分：十八个石窟，坐十八罗汉，其中有一龛史书记载"一尊飞去"，剩下十七尊，头部也基本毁于上述时期"破四旧"。此部分石窟分三层布列，参差不齐，最高一层有9龛，中层有6龛，下层3龛，在这罗汉龛第一层正中位置，刻有约60厘米×40厘米的长方形石碑，上面刻有两个正楷大字"晚照"（今保存完好），为清朝安宁刺史高铃于康熙四十四年（1705年）所书。"夕阳晚照"是安宁旧八景之一。据民间传说，"晚照"

法华寺睡佛

每60年会出现一次奇观，即当年春分节令的第二天傍晚，当夕阳西下时，余晖给佛龛镀上一层金光，让石佛增添灿烂而神秘的色彩，太阳西落后，又会回升，把霞光聚照于山谷，把层林染遍，于是殿壁灿烂，佛像披金，蔚为壮观！第三部分：共有三龛，一龛无像，一龛刻有释迦牟尼苦行像，像高0.9米、宽0.6米，可惜头部亦被破坏，只有另一窟刻一牧女，长衣广袖，双手捧碗奉献羊乳，此为"牧女献乳"，系佛家讲佛陀结束苦修接受牧羊女供养羊乳"醍醐灌顶"悟道的故事。牧女身后刻有背经书的牛，此又是"青牛负经"的佛家典故。牧女像高0.7米、宽0.6米，凿者刀法细腻，技艺纯熟，人物形象温顺虔诚，头部损毁，青牛头与角已毁，牛身还算完整，体形健壮，真实感强。第四部分：在远离第三位置100米外南边的崖壁上，有两龛：一龛无像，另一龛是卧佛像，即佛陀"涅槃"像——头朝东南，脚向西北，面东侧身闭目而卧，螺形发髻，半着袈裟，袒胸跣足，曲肱而枕。佛像全长4.9米，高1.9米、宽0.5米，雕刻技法娴熟、古朴，神态安然。然而"破四旧"时，

卧佛肚脐被打了炮眼，险些让卧佛粉身碎骨。现在卧佛的脸也几乎模糊不清了。

　　安宁法华寺石窟现为省级文物保护单位（1965 年公布）。它为什么会在云南石窟造像中排名第二位呢？这与它的重要文物价值有关。

　　首先，安宁法华寺石窟造像时代为宋大理国时期，它们是研究大理国时期雕刻艺术珍贵的实物资料，其中法华寺卧佛是云南全省独一无二的石雕卧佛。据当年目睹者评价，其艺术价值可与北京西郊卧佛寺著名的卧佛相媲美；而石窟附近的摩崖石刻、晒经石及法华晚照奇观，从古至今，一直是文人墨客流连徘徊之地，善男信女顶礼膜拜之所，游人终年络绎不绝。

　　而法华寺在安宁历史上的重要性也不言而喻。法华寺是法华普光明寺的简称。据《安宁县志稿》载："玄宗天宝初年，……建法华寺，并筑歌楼舞榭，作避暑之胜地。"另据刘文征《滇志》："法华寺在洛阳山，段氏建即凿罗汉之所。""段

法华寺石窟

氏建"即指大理国时期建,与宋政权同时。据资料记载,法华寺建筑为土木结构,四合院式,坐东向西。正殿高于前门楼房一丈有余,山门居中,紧临土岩边缘,与陡坡小道相通连。院两侧有楼式厢房,僧众居其中。正殿两侧设有耳房,高大土塑佛像十余尊供奉其间。神台香炉,皆为石料雕琢而成。寺阔 26 米,进深 20 米,占地面积 572 平方米。天井铺有石板,植有花树。法华寺从建寺起,经元、明、清直至民国时期,都是佛教活动的重要场所,史书称其"佛事兴盛,景物宜人,高人韵士,多爱于此"。杨升庵在《法华寺》一诗中吟道:"金刹倚苍苍,青萝隐石房。灵风何飘渺,佛日自清凉。平静流烟霭,高峰挂夕阳。山僧不肯住,空自锁禅床。"又在《秋月同董鲁泉过法华山房访了玄张炼师》一诗中有吟:"武陵太守桃源主,定买兹山作洞天。"升庵不仅描绘了 400 多年前法华寺风景名胜及佛僧活动面貌,盛赞法华寺的山光水色,还表达了想在此放情山水、养性寄傲的精神寄托。经过劫难,法华寺现在已经开始重建,围绕其边的石窟、摩崖石刻、晒经石等等重要文物都将在新时代重新焕发光彩。

洛阳山禹碑

洛阳山上的摩崖石刻群中,最著名的当属禹碑了。禹碑在法华寺卧佛南侧山石上,碑的右下角有杨升庵的楷书释文。禹碑据说是夏禹所立,文辞古奥,文字奇特,是中国古代碑刻中十分有名的一块名碑。禹碑怎么会跑到云南来了,跑到安宁来了,这又与"杨状元"有关,这里有一段故事。

禹碑又称禹王碑,因立于南岳衡山(又名岣嵝山),也称"岣嵝碑"。此碑上刻有 77 个怪字,则被称为"神禹铭""岣嵝铭"(按衡山主峰名岣嵝峰)。据说,此碑为"夏禹治水时所书",禹碑文字如蝌蚪,既不同于甲骨文和钟鼎文,也不同于蝌蚪籀文,文字奇诡。碑文的具体内容到底是什么?历代的古文字学家争议、考证了数百年,有学者认为

这是大禹治水的记功碑，也有学者认为这是一篇登高祭山的祭文。在学术界，岣嵝碑和仓颉书、夜郎天书、仙居蝌蚪文、东巴文字等被认为是中国现已发现的八种神秘、有待破解的原始文字或符号，被喻为古文字研究中的哥德巴赫猜想。

　　既然说碑是夏禹所立，首先得明确他是否到过南岳。成书于西汉的司马迁《史记·夏本纪》中的确有过大禹治水"至于衡山"的记载。东汉人赵晔所著《吴越春秋》，谈到"禹乃东巡，登衡山，血白马以祭"，寻得金简玉字之书，因而"得通水之理"。南北朝萧梁时期，刘显撰《粹矶录》，其中记述有文士在衡山得见"禹碑"，当时摹下碑文，事后把摹本献给南齐永明年间的桂阳王萧栎。唐永贞元年（805 年），大文豪韩愈由粤北上，路过衡山，登临游览，遍寻传说中的神禹碑。可踏破铁鞋无觅处，失望之余，写了一首七言古诗《岣嵝山》。

法华寺禹碑

宋代大理学家朱熹和教育家张栻也到岣嵝山寻访岣嵝碑，终无所获，因此朱熹在《韩文考异》中说：韩愈所谓"岣嵝山尖神禹碑"乃"传闻之误"。传说南宋嘉定五年（1212年），文人何致（字贤良），在衡山山间看到了禹碑，临摹下来。后来原碑毁坏，他便把摹本翻刻在了岳麓书院（现存）。之后，岣嵝碑的拓本便在河南、四川、浙江、山东等省流传开来，研究"禹碑"和解释碑文的学者也很多。

明代嘉靖十三年（1534年），在湖广兵备道为官的安宁人张素（号碧泉）因事到长沙，在岳麓书院见到了何致摹刻的禹碑，他当即拓下来。两年后，张素回故乡安宁，他把禹碑拓片拿给正流寓安宁的杨升庵看。杨升庵看了禹碑拓本，不但释出了碑文，还把它翻刻到了安宁州东法华寺后洛阳山上，同时附刻了张素、周复俊、阴汝登等人的跋语和诗歌。

张素的跋，记下了禹碑拓片的来历以及他得到拓片的情况、杨升庵希望它广为流传而加以翻刻的经过："衡山，一名岣嵝山，禹碑在焉。有宋嘉定壬申，贤良何致，字（千）一，游南岳见之，手摹其字，以传后（世）。原碑□□，乃拓刻于岳麓书院，嘉靖（甲）午，余分巡长沙，见而异之。顾文奇（难）辨。丙申冬持归，以示升庵。杨子称奇，乃指释其文，歌叙其事。复病其传不广也，又刻之吾安宁州东之鸡岭崖屋壁，千百世下，南中知有禹刻，杨子始也。"后来，杨升庵又先后将禹碑转刻在大理、永昌等处。

杨升庵释禹碑碑文

杨升庵把禹碑碑文认定为大禹在衡山祭祀时的祝词，全文除第五句加一连词"而"外，均四字一句，后五句为祷语。释文如下："承帝曰咨！翼辅佐卿。洲渚与登，鸟兽之门。参身洪流，而明发尔兴。久旅忘家，宿岳麓庭。智营形折，心罔弗辰。往求平定，华岳泰衡。宗疏事衰，劳余伸禋。郁塞昏徙，南渎衍亨。衣制食备，万国其宁。审

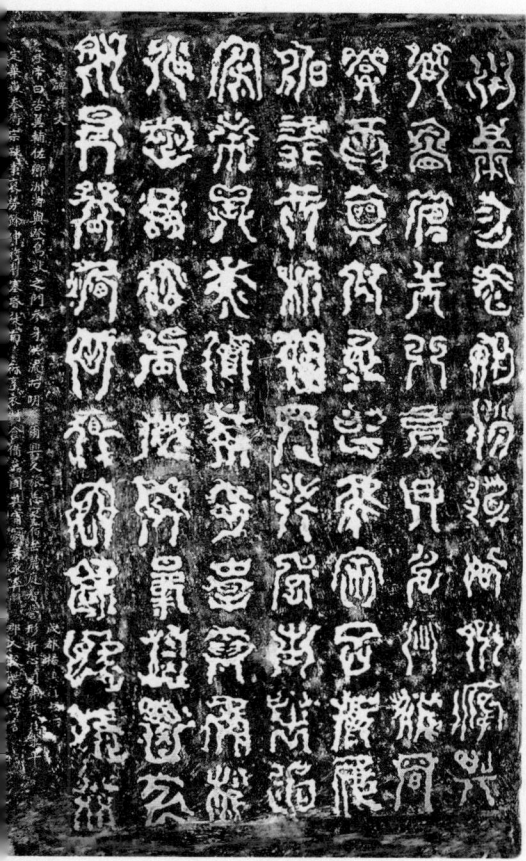

明代杨升庵摩刻禹碑

舞永奔！"

事后升庵告诉文友张含说，他为了释碑费尽心力。释到最后，仍有四个字苦思不得其解，一夕假寐中，忽然见到个"黄衣鱼首人"，告以乃"南渎衍享"，这才释完全文。永昌人张含，正德二年（1507年）乡试中举，是升庵流放云南后最早结识的云南友人，对升庵帮助甚多。张含后来写《禹碑跋》时谈到了这件事，张含说他嘉靖十六年（1537年）在京得观《岣嵝刻集》，咸不能识其全。回滇后，看到杨慎对碑文"字为之形，句为之音"的释文后，十分赞服。这也说明禹碑拓本当时已汇为专集，流传各地。与杨升庵同时，学界沈鉴、杨时乔、郎瑛诸家，也先后尝试着对碑文加以解释，各家对某些字的认识存在分歧，拓本于是也有了"长山本""夔门观本""岳麓本""衡山本"的区别。清乾隆中，王昶编《金石萃编》，名为"夏碑"，详记了国内此碑的各种拓本。清乾嘉年间，师范编纂《滇系》，书中"杂载系"中也介绍了禹碑，师氏指出杨氏释文较他本更为稳顺，令人信服。

由于洛阳山上的禹碑遭风雨泐蚀严重，1939年，当时的安宁县文献委员会把洛阳山上的禹碑翻刻到温泉环云岩洞中，至今保存完好。

悠悠禹碑往事逾千年，安宁在这段碑刻人文传奇史上，留下的是独特而鲜明的印迹。

人文荟萃的文物地标群

安宁的重量级文物主要集中在连然、温泉、八街、县街的范围。

曹溪寺

　　闻名天下的宋代名刹曹溪寺，寺的全名叫曹溪弘济禅寺，位于安宁市区西北郊9千米的龙山东麓，坐西向东，与"天下第一汤"温泉隔螳螂川相望。曹溪寺寺南有珍珠泉（亦为景观奇特的名泉），北接"三潮圣水"，寺中正殿（宋代风格的斗拱建筑）、南宋木雕南海三圣像、铜铸观音像、石刻名碑、元梅、优昙等都是珍贵的文物。闻名遐迩的曹溪映月、三潮圣水及珍珠泉景观，千余年来，一直为人所称颂。

　　曹溪寺中有历代碑刻19方（一方残缺），均为名家高手之笔，其中不乏佳作精品，这也是名刹曹溪寺的一大看点。人文曹溪，光彩粲然。这些碑刻中，最重要的有：杨慎撰文，朱提（即昭通）山人萧椿集唐人李北海字，刻立于明嘉靖十一年（1532年）的《重修曹溪寺记》碑；杨慎撰文，其四川同乡好友、书画家萧旭手书，刻立于嘉靖二十二年（1543年）的《宝华阁记》碑；郡人曾祺撰文，王寿书，住持僧圆法立于康熙七年（1668年）的《重修曹溪

❶鸟瞰曹溪寺
❷曹溪日晷

寺碑记》；明崇祯御笔"松风水月"石刻；康熙年间云贵总督范承勋、云南巡抚王继文分别所立两块同名石碑《重修曹溪寺碑》等。曹溪寺中还有制于1943年的珍贵文物"曹溪日晷"。

连然文庙

连然文庙位于安宁市连然镇，始建于元大德六年（1302年），仅比我国元代杰出政治家赛典赤·赡思丁建于1276年的云南第一座文庙昆明文庙晚26年。据元至元二年（1336年）的《重修安宁州文庙记》碑文记载："……于大德壬寅，就于州阴隅三百

余步创建文庙……天历己巳，寓因兵业祸连，黎民散亡，庙宇损坏……今蒙宣威将军前大理金齿等处宣慰使都元帅、授中庆路达鲁花赤当道间者……而公到于安宁，见此文庙损坏……于是劝教官民，敦厚风俗，重修殿堂，复旧规模……至元丁丑春孟望日李祥撰并书丹。宣威将军、前大理金齿等处宣慰使都元帅授中庆路达鲁花赤当道间重修……" 从中得知，连然文庙建成于元大德六年（1302年），27年后的己巳年（1329年）便遇上元宗室争夺帝位，云南蒙古贵族乘机自立为王，进行割据。两年后被平定，史称 "天历镇兵之变"。战事也波及安宁，文庙随之被毁，学校废弛。至元三年

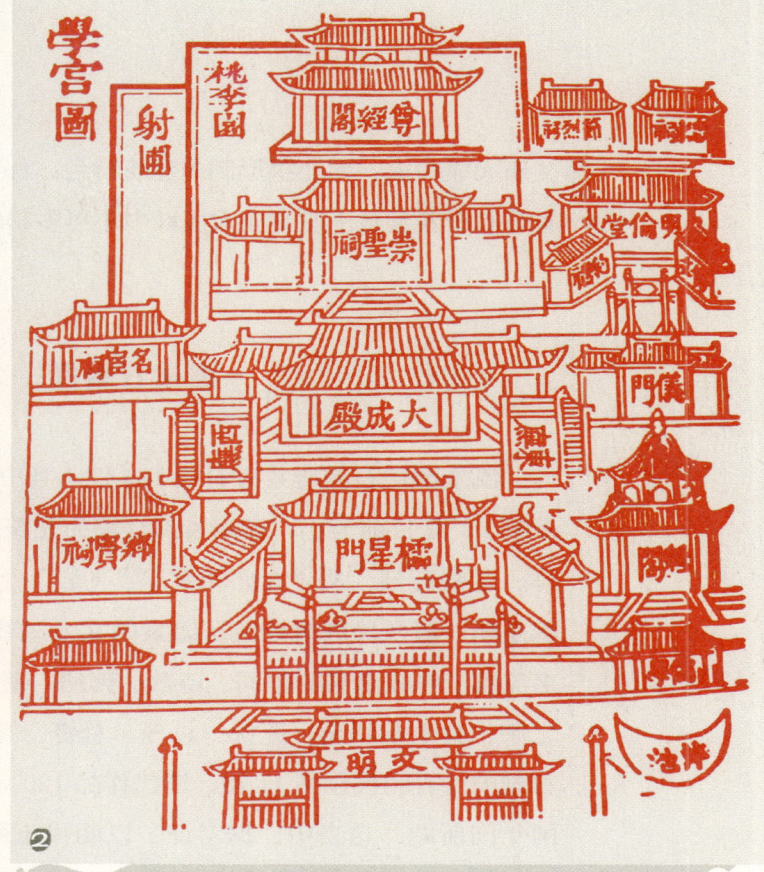

（1337年）丁丑之岁，将由宣威将军、中庆路、达鲁花赤当道间的主持下，在原址上按原貌进行重修。今存之连然文庙，即重建之物。连然文庙明清两代屡有修建、增建（如崇圣祠、明伦堂等）。1987年被公布为云南省级文物保护单位，2006年由国务院公布为全国重点文物保护单位。

连然文庙自元代至今已经700余年，它一直是教学育才的基地。目前，该文庙除大成殿崇圣祠具有重要价值之外，庙中尚保存有崇圣祠以及元、明、清三个朝代碑刻十余方，是研究安宁乃至昆明、云南地方史及教育史的宝贵实物资料。著名古建筑专家刘敦桢对连然文庙大成殿进行过深入考察，他在所撰写的《西南古建筑调查概况》一文中称："（云南）安宁、镇雄二县文庙大成殿……其昂，拱券杀式样，及正心缝与跳头上，仅施单拱，俱墨守宋、元遗制也。"由此可见，安宁连然

❶连然文庙
❷连然文庙示意图（清初）

文庙大成殿宋、元斗拱形制的建筑特色，保存年代久远，是云南全省分布于各县数十座文庙大成殿中不可多得的罕见之物。

摩崖石刻群

温泉摩崖石刻群共有石刻 185 件（其中以环云岩最多，有 160 余幅），是目前为止，云南省保存较为完整且数量最多的摩崖石刻群。这些石刻，从"九曲龙窝""飞岩"至"天下第一汤"等等，都是明、清及民国时期游历温泉的文人墨客、书画家、爱国将领、名流雅士吟咏温泉的题词、诗歌、碑铭、壁画等。石刻皆出自名家之手，其中有状元、巡抚、总理、总督、知府、知州、书画名家。石刻中计有明代作品 11 贴，清代作品 120 余贴，另有 40 余贴为民国年间所题，这当中，据考证，以明代正德十六年（1521 年）右副都御史、云南巡抚何孟春所题"听泉"为最早。

观赏温泉摩崖石刻，能听闻许多美丽传说、故事在周边传诵。据说当年石淙（即温泉镇）籍宰相（首辅）杨一清回乡扫墓，在环

温泉摩崖石刻群

云岩下逡巡良久，聆听螳螂川的"石淙"之歌。为此，后人在摩崖中题有"杨文襄公故居"。张善孖的"虎啸生风"图画刻于 1938 年。张大千的这位二哥善画虎，在画坛有"虎痴"之称。他的这幅画中的猛虎，据说是扑向富士山峰的，寓意中国人民最终将战胜日本侵略者，取得抗日战争的胜利⋯⋯

遥岑楼

遥岑楼，曾作为安宁历史文化标志的一州胜迹，屹立在连然镇官厢街北口近五百年。它曾是明代"一代文宗"、流寓云南的四川新都状元杨升庵的寓居之所。这位状元公在此讲学育才，著书立说，接待宾客，与滇籍著名学者交流切磋学问，使此楼成为当时文化活动的重要场所。杨升庵对安宁籍"阁老"杨一清十分敬仰，特在遥岑楼内刻树了恭赞杨一清的石碑和楹联（即"明大学士杨文襄公故里碑"以及"四朝元老，三边总戎；出将入相，文德武功"联及"相业四朝称第一，人文六诏羡无双"联，并刻成石联置于大门两侧）。在二楼的东西窗檐下，他还书悬有"文献名邦""文光射斗"的匾额（已佚）。

清雍正十年（1732 年）秋，地方士绅为振兴安宁文风，捐资造筑鳌台，立笔斗口，塑"魁星"神像一尊于楼中，每年四月初八日兴会受人参拜。从此，遥岑楼便改称"魁星阁"。乾隆三年（1738 年），署州侯如树于其中设"遥岑楼义学"。之后，知州何齐圣在楼北添建书舍三间，将义学迁入其中。从此，遥岑楼义学作为培养地方学子之地，一直延续到民国时期，之后改为"遥岑小学"。

新中国建立以后，农业实现了合作化，遥岑楼一直是官厢街生产队保管、堆放农副产品之处。1983 年 6 月，遥岑楼因有人吸烟不慎引燃楼下麦秸而遭焚毁。1985 年，安宁县人民

20 世纪 80 年代的遥岑楼

遥岑楼牌匾

政府将遥岑楼遗址公布为文物保护单位。

　　遥岑楼始建于明嘉靖四年（1525 年），楼址在今永安桥东约 50 米处，楼高 17.3 米，三层重檐，六角飞翘，呈六方形亭阁式楼房，土木结构，下层每方长 5 米，南、北墙中部设有外圆内方大窗各一个，东、西各设一门，清代为行人通道。二、三层全用木料建造，四通柱直达顶端，各方设有格子窗，在三楼上可览螳川胜景。各层均用琉璃瓦，顶似荷叶覆盖其上，六脊皆有兽饰。造型简朴，庄重典雅，古色古香，别具一格。遥岑楼建时，正是杨升庵遭平生大难流放云南之时——他在嘉靖皇帝"大礼议"事件中两受廷杖、投监，差点命归黄泉。后来被充军至云南永昌卫为戍卒。在伤病缠身的情况下，他于乙酉年（1525 年）春到达戍所保山，幸得永昌太守严时泰及张含父子和军营校官的厚待，又从保山来到安宁。时任安宁州太守王白庵，景仰"一代文宗"，为解决升庵栖身之所，专门为他建造了遥岑楼，让他能够安居其中。

　　杨升庵住遥岑楼期间，除著书讲学外，喜游胜景，考察云南山川风物，吟诗题字，抒发情感。嘉靖十二年（1533 年）

升庵祠（位于西山脚）

春，他仿效杜甫作《春兴》八首，抒发情怀，更希望能重新得到朝廷被起用而为国效力。其第一首诗就以遥岑楼起兴：

> 遥岑楼上俯晴川，万里登临绝塞边。
> 碣石东浮三绛色，秀峰西合点苍烟。
> 天涯游子悬双泪，海畔孤臣谪九年。
> 虚拟短衣随李广，汉家无事勒燕然。

遥岑楼应该算是杨升庵在云南居住最久的地方，前前后后住了十余年。但嘉靖皇帝对他一直耿耿于怀，给了他一个永远充军云南的处分，不得不打起建私宅长期居住的念头。正好，嘉靖十七年至十九年（1538—1540 年），任四川巡抚的李敬之，念与升庵同科中榜之情，鼎力相助，从四川寄赠百金至安宁供升庵做旅居之费。杨升庵便用此款在距安宁 30 千米左右的昆明西山高峣建起"别业""李公楼"。他为此写道："余有别业在高峣海岸，景物为奇胜，中承汪公希周题匾曰：紫翠新居。"为不忘李敬之赠金之情，他特将"别业"题名为"李公楼"。嘉靖二十六年（1547 年）后，升庵便移居高峣"别业"私宅（今升庵祠）。

晚年的杨升庵思乡情切，曾偷偷回到四川泸州。嘉靖三十七年（1558 年）冬，又被云南巡抚押解回滇。次年春，他最后一次回安宁，短住数日便去祥云县，返回途中夜宿遥岑楼。次日，在返回高峣途中，李葵之（高峣人）到独树铺（今读书铺）迎接他，杨慎有诗记此行：

遥岑昨夜别，独树今朝迎。

高峣连榻处，清话到三更。

这应该算是状元杨升庵一生中最后一次住在遥岑楼了。

遥岑楼深厚的历史人文底蕴，让它魅力独具。今天恢复重建的遥岑楼，是原楼的三倍大，根据相关历史资料设计重建，整个建筑分为三层，平台采用青石板铺设，门窗为梅花圆木窗装饰，出檐采用粗犷、大气的明代斗拱装饰，再现了遥岑楼早年的风貌。我们登楼凭栏向远，书香文韵依旧扑面而来。由于遥岑楼和永安桥两座建筑采用全楠木材料建造，经过一系列的

遥岑楼（年代不详）

论证及研究，2013 年 2 月，安宁市政府投资 1700 万元动工修缮永安桥；此后又投资 600 万元动工重建遥岑楼，两建筑均于 2014 年 9 月 12 日正式落成。

永安桥

与遥岑楼一起恢复重建的安宁永安桥也是安宁历史上一处著名的人文景观。永安桥始建于明代弘治年间，至今已有 500 多年历史，桥体横跨于螳螂川上，是昆明通往滇西古驿道最大的一座石拱桥，取名永安，象征永保平安。据欧阳旦《新建安宁永安桥碑记》称："雨潦无常，修而复圮，冬涉之艰在所不论，夏秋横流，激湍辐辏，不通者动经旬月，待之稍息，济之以舟，而颠踣覆溺之患，时出不测，行者病之。"弘治六年（1493 年），巡抚张浩、知州胡

安等组织修建木桥，当时修的木桥宽4丈，高24丈，长10多丈，两边还有护栏。可以说，安宁人当时能建成如此大的木桥，是一件很了不起的事情，说明当时安宁具有一定的经济实力和相当高超的建筑技术。

据《安宁县志》记载："永安桥原是一座藤桥。明洪武十五年（1382年）九月，土酋杨苴叛围昆明，闻沐英军至……有瑾定者，欲断藤桥拒明军，斩瑾定于螳螂江……明弘治七年（1494年）建州东永安桥，逾岁始成。"又据《续云南通志·地理志·津梁篇》载："永安桥在东门外，螳螂川经其下，通迤西路。明弘治十八年（1505年），巡抚张浩重修。国朝（清）康熙四十五年（1706年），总督贝和诺、巡抚郭粟捐俸檄知州高轸督修。清乾隆元年（1736年），布政使陈宏捐修。二十七年（1762年），知州卞怀诏重修。"

有500多年历史的永安桥，原桥高6.33米、长40米、宽

① 永安桥旧貌
② 永安桥新貌

13米，中孔跨距12米，边孔跨距5.3米。拱石标高2尺，石面层高4寸。下拱石及桥墩为红砂石，桥面为青石，桥中心封顶石呈半圆形。桥上两侧建有铺面，经营烟酒、百货、中草药、茶馆、酒店等，可通行桥面宽6米。由于该桥是交通要道，除行人外，长年累月都有马帮过，桥面及两头的青石条路面（东至昆明大西门，西至楚雄禄丰等地）留下了许多约一寸深的马蹄印。这些石条路面，一直使用到二十世纪五六十年代。后因城市建设需要，永安桥原桥被大部分陆续拆除改造，失去了原来的模样。

2014年恢复重建的永安桥保持了桥体原貌，恢复了三孔石券桥和桥面两侧对称的木结构桥廊，桥头入口三滴水牌坊为三开间，桥面中间为人行道，两侧为观景桥廊，桥廊依桥身弧度成错落式设计，牌坊高10米。整座桥遵照明代建筑风格设计，简易素朴、色彩淡雅，形制如虹，500多年的老桥丰姿再现。在安宁旧城改造过程中，经调研后根据永安桥历史上风雨桥的功能，按历史模样重建，拆掉桥面，在原有桥墩基础上，建一座仿古式的石拱桥，并且在桥上修建风雨廊，供市民避雨和休闲娱乐。同时，在旧城规划建设1.2万平方米的市民广场，正对永安桥，东北角是遥岑楼，串联

永安桥新貌

历史文化，并在永安桥西边，恢复历史文化街、小桥街等。永安桥成为突出历史文化与现代城市建设的有机结合，维系历史文脉，丰富文化内涵的代表作品。永安桥横跨螳螂川，是个开放式的建筑，人们无论何时前往都能看到全貌，是安宁城市记忆的重要载体和城市文化的重要标识之一。

安澜桥

安宁还有一座安澜桥，位于安宁市区南部 8 千米的铜车坝村西口，建在横跨鸣矣、利资、利济三河交汇的八街河上。清康熙三十五年（1696 年），云贵总督王继文、云南巡抚石文晟，为此桥的创建刻有《新建昆阳州铜车坝安澜桥碑记》一文，文中叙述造桥缘由颇翔实："……适昆阳士民，以铜车坝新桥为请，地方属昆阳旧治三泊县界。三泊县者，以三河流故名，其源绵亘一百余里，铜车坝汇流处也。虽介在僻野，然适逶西通衢，凡盐茶食货银贾畜车者，不绝于道。当河水涸竭，犹可搴裳济之，及淫潦暴至，则涨漫晶淼，倏为巨潭，往来人畜漂没，上壅官税，下病行人，害非细也。居民屡议建桥，但以工费艰巨，螳臂难胜，且地多流沙，艰成易毁，故创始之惧……州武进士党仲印、交通义民祁凤翩，率先倡募而经纪其事，自余两府以及藩臬监司下迄守令，莫不乐其功之成。各捐俸有差，至于西达至临沅，凡往来于兹者，亦皆乐施以为之助，日费百工，三易寒暑而工乃峻，桥成，余名之曰：安澜桥。"

碑文中提到的铜车坝，亦名筒车坝，因历史上曾设天车于河坝引水灌田，才以此得名。铜车坝村自元朝至元十三年（1276 年）起，便属昆阳州所管辖的三泊县范围。康熙八年（1669 年），以今县街做州治的三泊县被裁撤，但地仍属

昆阳州。雍正三年（1725 年）二月，朝廷复巡抚杨名时条奏之请，同意将三泊县境之地拨给安宁州。由于建桥时间是康熙三十五年（1696 年），故当时仍属昆阳州政务之事。因铜车坝是昆阳州通往迤西的交通要道，又处于三河交汇之处，遇洪水猛增，则泛滥成灾，交通受阻，民众受害。多次相议修桥，皆因难筹巨资而未成。后得武进士党仲印和祁凤翮为首募捐筹款，从省府州县各级官员直至过往行人、坐地百姓，皆解囊捐助，历经三年，日有百人施工，方大功告成。有了安澜桥，从此遇雨季就"淫潦暴至，则涨漫晶淼，倏为巨潭"的三河，就此"安澜"，不再祸扰百姓。

安澜桥桥面长 38.5 米、宽 6.2 米，石砌 3 孔平面拱桥。拱券为纵联砌置，桥面原有风雨棚。近年因修公路进村，汽车经桥上行驶多年，桥安然无损，足见桥身的坚固及造桥工艺之精湛。鉴于安澜桥在历史上发挥过重要作用，具有促进民生的积极历史价值，安宁县人民政府于 1995 年公布其为县级文物保护单位。

安宁大地在文明进步的两千余年发展进程中，穿越了历史的风风雨雨，留下了许许多多璀璨的文物珍宝。无论是秦汉时期的青铜器，还是唐砖宋瓦，元明清的人文风景等等，除了我们提到的一鳞半爪，安宁还有更多的文物，更多的故事，比如虎丘寺、慈云寺、义兴街关圣宫、八街庆云楼、青龙古戏台等等，共同谱写着安宁千年盐铁城、"诸爨要冲"、"天下第一汤"的美丽人文乐章！

安澜桥

八街庆云楼

古道驿站

　　安宁自古以来就是昆明通往滇西地区的交通枢纽、关卡要塞。安宁的古驿道同全国的古驿道一样，置有很多古道驿站。这些古道驿站有着重要政治和军事作用，承载着国家和地方各个时期的老百姓出行、交通、通信、商贸、物资运输、流通等诸多重要职能，也历来是商贸繁荣、社会经济发达、政治军事的要塞重地。古驿站历史悠久，文化兴盛。

　　古代著名的"西南丝绸之路"就有很长一段穿过滇西境内。盐茶古道、茶马古道，遍布全省的各个城镇乡村。在昆明通往滇西的古驿道上，安宁是必经之路。在历史上，安宁曾有三关、五条驿道和十四条步行路与外地相通。这些关隘、道路形成的交通网络，对安宁当时的经济社会发展、文化传播、思想更新等起到了十分重要的作用。

　　古驿道不仅是一道亮丽的风景线，还是古时候重要的战略军事要地。在古驿道安宁段上，设置有碧鸡关、老鸦关和炼象关三个重要的关隘，在保障安宁军事需要、维护安宁社会治安、安宁经贸往来等方面发挥了极其重要的作用。

碧鸡关

　　碧鸡关在今天昆明西山区石膏箐垭口。这里两山对峙，中间通一条路，自古以来就是迤西驿道出入昆明的要冲，也是昆明西边关

卡的一道天然屏障，出入昆明，必过此关。进碧鸡关可居高临下，滇池和昆明全景尽收眼底。出碧鸡关，可一览安宁太平一带风光。可以说，碧鸡关在古代就是昆明的屏障和要塞，历代政府都要在此驻兵设防。

由于碧鸡关的位置十分重要，历来也成为兵家必争和战争厮杀的地方。原来在西山区车家壁的"万人坑"，即安宁化工厂住宅区附近发现的"万人冢"，就是古代战场遗址和兵家争战历史的见证。因为战争，所以人们期待和平，更想过上太平安稳的日子。所以在紧接着碧鸡关一带的安宁有个村子，因为老百姓祈盼天下太平，把这个村子取名叫"太平村"，演变为太平镇，如今成为太平新城街道办事处。

远的不讲，在近代，云南历史上的四镇守使"二六政变"

碧鸡关

后，唐继尧援军援助昆明的"唐龙之战""六一四政变"时期的虎龙之战。1920 年至 1930 年间，中国政局动荡、军阀混战、云南匪盗猖獗，当时安宁地区流传着一首民谣：城中有个唐（继尧）都督，城外有（土匪）杨天福，中间隔着铁锁关（碧鸡关），一个不能进，一个不敢出。通过这个民谣印证了碧鸡关为要地关隘，是各时期战争的主战场。

清风桥

省城昆明通往滇西的古驿道，过来安宁城在往西几十千米就是禄脿镇，沿禄脿镇老街过清风桥向西走 20 多里，在今天安宁与禄丰的接合部，就是老鸦关。在禄脿镇通往老鸦关的这段路上，其中最重要的就是清风桥了。之所以说它重要，是因为当年在禄脿河上，它是连接两岸的重要通道。起初是一座木桥，由于容易腐烂，且在雨季发大水时容易被洪水冲塌，后来被建成三孔石桥。石桥在当时云南地区比较流行，如至今保存比较完好的还有建水的十七孔桥等。

据《禄脿乡志》记载：清道光六年（1826 年），在当地有一个叫张登的武举人的号召下，将木桥拆除。在原址建起了一座高 6

米、宽 3.5 米、长 36 米的三孔石桥。据说修清风桥时楚雄、广通、云龙、龙陵、腾冲、开远、湖北钟堂等地县长，姚州、镇雄正堂、广东肇庆等一批省内外的官吏都为修此桥捐了银两。能引起省内外这么多官员的重视，可见清风桥在滇西古驿道上的重要性。

当年这里是今天的禄丰县土官、腰站和安宁市的北冲、禄脿一带的中心要地。明代的时候，设有"安宁州老鸦关巡检司"把守，清代时由"禄脿驿丞"管辖，康熙十六年（1677 年）左右发展成为集市，每逢农历酉、卯日赶集。民国二十四年（1935 年），安宁县县长林景泰从腾冲回安宁，途中他夜宿老鸦关，并以《宿老鸦关》为题赋诗一首："青龙哨外千樟树，草堡驿边万叠山。日暮山中啼怪鸟，行行又上老鸦关。"描写了老鸦关这一古道关隘的山行地貌和日暮鸟归的寂静景象。直到后来滇缅公路修通后，这里的马帮才逐渐变得稀少，关隘的住户也开始搬迁到禄丰的土官一带开店经商，老鸦关从此走向衰落。

清风桥

炼象关

  从老鸦关再往西走，还有一个重要的关隘便是炼象关（今禄丰县境内）了。此关过去属于安宁州管辖，在今天禄丰县的腰站。古时候，马帮早上从老鸦关出发，中午到达腰站，休息调整后天黑前赶到禄丰县城。由于此地刚好是在一天赶路的路途中间，因此被人称为"腰站"。关于"炼象"的称谓，根据一些学者考证，开始于元代，传说当时附近巍峨的高山呈褐红色，形如巨象，赤色如炼，故称"炼象"。

  炼象关是滇中古道上的重要关隘，历史悠久。历史上，炼象关曾有"扼九郡至咽喉，实西迤之锁钥"的称号。据清光绪《罗次县志·关梁》记载：炼象关"旧设土流巡检，崇祯十六年（1643 年）建石城一围，辟四门，西门外建关楼"。根据现存的东门石碑碑文记载：东门楼和重关楼修缮于 1932 年，再次印证了炼象关存在的历史悠久。

读书铺

  《云南省安宁县地名志·太平区概况》中说："为沿古滇西大马路自东倾斜形"的一个村子，原名"独树铺"，因村中一棵苦楝子树和店铺而得名。后雅化为"读书铺"。还有人说，读书铺名字的由来并不是单因村子当年古驿道上的店铺，更重要的是当年滇西方向到省城参加乡试的学子们，不但行到这里要休整住店，还要为了能够中榜，不顾旅途劳累，挑灯夜读，加班加点地学习，因学子们的酷爱读书而得名。还有村子里的老人们说，当年村子东北的"独树"旁有座文笔塔。塔旁有座 99 道门，进去像迷宫一样的大宅门，是村中最大的院子。后来因遭火灾，使得这个院子荡然无存。在离他家院子二三十米远的地方，现存有《永远碑记》的残损石碑，碑文中写的读书铺为"独书铺"，并多次出现。到底是哪个传说最合理，我们不得而知，但读书铺作为村名，不但沿用至今，就连成昆铁路在这里设的站点，也叫"读书铺车站"。这个站如今已是中石油的运转基地，平日进出站的货运列车非常繁忙。

草 铺

　　草铺，原来这里是在路边上搭建几间小草房，供过路的客商住宿歇脚。《云南省安宁县地名志·草铺区概况》中说："清康熙年间，此地盖草房作为店铺供过往客商投宿得名。"过去仅有几间草房的村子，可如今已发展成了安宁的一个重工业区，这与它地处滇西要道的地理位置是分不开的。在草铺老街的中段，有一座关圣宫，距今已有300多年的历史。自古以来，当地的村民和过路的客商、赶马人都要到关圣宫烧香祈福，祈求路途平安顺利。至今，这里的香火依然很旺，因为

民间相信，关圣宫里的关圣帝君（关羽），具有司命禄、佑科举、治病救灾、驱邪避恶、巡察冥司，乃至招财进宝、庇护商贾等多种法力。

像这样的驿站，在今天昆明至楚雄的路段上，共设置有九关十八铺。除了以上介绍的，还有如糍粑铺，《云南省安宁县地名志·太平区概况》中说："早年，这里是滇西通往昆明的过道，来往客商常在这里投宿，一家店铺专门卖糍粑。"马村，早年这里只有一两户人家，后因过往昆明海口的马帮常在此地住宿休整，现已是一个白族与汉族混居，几十户人家的村子。安宁境内的还有水井湾、杀人凹、车铺里、富安村、店房等，都是过去马帮经常路过或商贸发达的地方，在古驿道上发挥着十分重要的作用。

迤西驿道

昆明西山区碧鸡关进入安宁，再经太平、连然、安宁城、草铺、禄脿到老鸦关，这条石板镶的古驿道全场有 45 千米，是迤西古道上的重要一段，一些学者把它叫作"迤西驿道"。在一些地方的石板路上，仍依稀可见古时候人和马踩踏的印迹。安宁境内的一些关铺或客商、马帮经常投宿歇脚的地方，现在已形成了村子和集镇。

由安宁城东门外经小罗白、清水沟等地到光崀 25 千米的山径土路，从安宁城东门外经小罗白、马鬃塘、平顶山等地至海口 20 千米的海口路；安宁城南门外经通仙桥、高山过云龙、珍泉、八街至桃园哨计程 60 千米的八街路；安宁城正南方经大屯、石江、县街、马厂、粮王寨、军哨至易门 40 千米的县街路；由草铺邵官屯、河底等地至易门 35 千米的邵河路等 14 条通往各地的人畜、车辆可走的道路。这些驿道、人畜路，由州府的官道延续连接外界其他驿道，构成了对内对外的交通网络，对安宁的经济社会发展、文化建设起到了强大的推动作用。

① 20 世纪 70 年代末的安宁大巷口

② 迤西古驿道

大巷口

在今天安宁螳螂川的西岸，百花路螳川大桥至连然街的这一段，人们习惯叫它"大巷口"。《云南省安宁县地名志·连然镇概况》中说："因位于小桥街大巷口处得名。"然而，有一些世代居住在安宁的老人说：这个"大巷口"并非由于地处巷子口而得名。它在过去常有些缅甸人骑着大象来安宁、昆明赶街子做生意。大象身体很重，但很有灵性，每到那些缅甸人骑着大象要过螳螂川上的木桥时，它就会用鼻子杵一杵桥面，试一试能不能过去。如果不能过，就会选择一处河堤比较矮的地方让大象通过。久而久之，这个河堤较低矮的地方就踩出一条低凹的口子，人们开始叫它大象过河的口子，时间长了，人们干脆直接叫成了"大象口"。单从这一点，至少说明在过去安宁与外界的经济往来比较频繁，商贸活动比较发达。

楠园：中国园林艺术大师的光辉杰作

　　2018 年 12 月 8 日，安宁市政府在百花公园隆重举行"陈从周百年诞辰纪念暨安宁楠园修缮开园仪式"，一时宾客云集，引人瞩目，中国古典园林代表作之一的楠园以焕然一新的面貌与世人相见。

陈从周

　　中国古典园林艺术是中国传统建筑中自成体系、独树一帜的建筑艺术奇葩，它历史悠久，造型独特，山水呼应，艺术精湛，是中华民族文化遗产中的一颗璀璨的明珠，被举世公认为世界园林之母，其造园手法已被西方国家所推崇和模仿。曾几何时，西方国家掀起过"中国园林热"，从园林的角度观赏、赞叹和学习中国优秀传统文化。中国古典园林以江南私家园林和北方皇家园林为代表，著名的有北京的颐和园、北海公园、恭王府，河北承德的避暑山庄，苏州的拙政园、留园，上海的豫园，广东东莞的可园等等。

　　久负盛名的中国古典园林代表作怎么会跑到彩云之南三迤大地的昆明安宁来了呢？而陈从周先生又是鼎鼎大名的中国古典园林专家、流传甚广的中国古典园林专著《说园》的作者，他与安宁又有什么渊源呢？这一切，都得从安宁的楠园说起。

百花公园（20世纪90年代）

为安宁城市的"灵魂"寻找"栖居地"

楠园所在的百花公园，是"盐铁名城"安宁在新中国建立以后建造的第一个城市公园，因建于安宁县城中的百花山，故命名为百花公园。百花公园也是昆明甚至云南最早的市民免费公园之一。几十年来，由于城市发展比较缓慢，百花公园除了一些树木以外，并没有什么特色。改革开放以后，出于城市发展的要求和人民生活水平的提高，百花公园迎来了一次大规模提升改造，1981年至1988年，县政府投资将公园规模扩大到7.5公顷，新建了百花湖、茶楼、方亭、长廊、游览步道以及儿童游乐园等，公园面貌发生了巨大的变化。

这种变化实际投射着一个时代城市经济、社会的前进思路，安宁的城市发展，既要建立一个现代化的"盐铁"工业城市，又要兼顾农业的发展、人们生活的变化、环保、社会

百花湖

和谐等等因素，这是当年城市发展规划、决策者们要考虑的重要问题。

时任安宁县（今安宁市）城乡建设环境保护局副局长的李康祖，从他任职的单位名称上，我们不难看出，上述问题正是困扰他的大问题。作为参与编制完成《安宁城市总体规划》的主要人物之一，1985 年 3 月，他参加了建设部（今住房和城乡建设部）在上海同济大学举办的全国城建局长培训班。培训班上，主讲中国园林艺术的同济大学建筑系教授陈从周的一堂课，让李康祖眼界大开，茅塞顿开。陈从周说："中国园林是一种饶有书卷气的综合艺术。南北朝以后，士大夫寄情山水，笑傲烟霞，园林之筑应时而生，此至明清皆一脉相承。白居易之筑堂庐山，名文传诵；李格非之记洛阳名园，华藻吐纳。故园之筑出于文思，园之存赖文以传。园林艺术与诗词曲画同一意境，若无文艺修养，则如工程家造园，终少韵味。……中国园林讲究以少胜多，余味无穷，宛如一首小令，而非鸿篇巨制。我国江南园林大多是宋、元、明、清时建造的私家花园，其特点是面积不大，但异常精致。它在有限的空间里，通过叠山理水、植树栽花，配置建筑，形成充满诗情画意的文人写意山水

楠园后门

园林，做到'虽为人作，宛自天开'，从而使中国园林成为世界建筑艺术皇冠上的一颗明珠，熠熠生辉。"（见邓煦《安宁楠园修建始末》）

正苦于安宁在大规模推进城市建设过程中，怎样为安宁城市的"灵魂"寻找"栖居地"的李康祖，面对侃侃而谈的园林专家陈从周教授，突然产生了一个大胆的念头：在千里之外的祖国边陲小城安宁，能不能请这位园林教授去造一个古典园林呢？在之后的学习过程中，李康祖随培训班参观考察了苏州、扬州、无锡和上海等地的十多座古典园林。由于心中有想法，他在参观学习过程中，就格外仔细地观察和学习，用心体会中国古典园林的妙意和趣味，打算请陈从周到安宁造园的想法也逐渐成熟起来……一年的学业结束归来，李康祖的第一件事就是向县委、县人民政府汇报了自己的想法。没想到，时任县委

书记冯立学当即表态支持，并要求尽快落实，把建园建设纳入财政计划。

也许原来听陈从周教授讲园林，知道他是一位才高八斗、造诣非凡的园林艺术专家。当真正决定邀请陈从周来安宁造园时，仔细一了解，大伙儿才真正是不查不知道，一查吓一跳，陈从周教授可不仅仅是一位中国园林艺术专家，而是国内首屈一指、享誉国内外的一代中国园林艺术大师。

陈从周，原名陈郁文，晚年别号梓室，自称梓翁。浙江杭州人，生于 1918 年 11 月 27 日，祖籍绍兴道墟（今属上虞）。家学渊源，交游广泛，与叶圣陶、俞振飞、茅以升、钱学森、贝聿铭、沈从文、黄作燊等各界杰出人士都是朋友，他还是现代著名"新月派"诗人徐志摩的表妹夫（其夫人蒋定是徐志摩的表妹）。陈从周毕生致力于中国古建筑和古典园林艺术研究、保护和实践，在同济大学建筑系任教近 50 年，研究成果举世瞩目，著作等身，著有《苏州园林》《扬州园林》《园林谈丛》《说园》《中国民居》《绍兴石桥》《山湖处处》《岱庙建筑》《装修图集》《上海近代建筑史稿》等。其中，代表作《苏州园林》是我国第一部研究苏州园林的专著。而这些专著中，篇幅不大的《说园》最为精辟，"谈景言情、论虚说实、文笔清丽"，出版后影响巨大，还被翻译成日、俄、英、美、法、意、西班牙等文在国外出版，影响波及全世界。20 世纪 40 年代，他成为著名国画大师张大千先生的入室弟子，专攻山水、人物、花卉。1948 年，他在上海举办个人画展，以"一丝柳，一寸柔情"蜚声上海画坛，随后出版的陈从周画集，张大千慨然为之题签。中年以后，他所绘兰、竹被评论家称为"意多于笔，趣多于法，自出机杼，脱尽前人窠臼"。他还是著名的散文作家和诗人，他出版了《书带集》《春苔集》《帘青集》《随宜集》《世缘集》《山湖处处》《书边人语》等散文集。1975 年，他在极其艰难困苦条件下著述完成的 40 余万字《梓室余墨》（后又扩充为 80 万字），详细记述一生中的交往、研究、各地山川风光、民俗、民

楠园风光

情、遗闻逸事以及园林随笔，是文史界不可多得的重要著作。

　　当然，陈从周最主要的建树在园林，他不仅对古建筑和园林理论有着深入研究、独到见解，还参与了大量实际工程的设计建造。他设计修复了上海豫园东部、上海龙华塔、宁波天一阁、嘉定孔庙、松江余山秀道者塔、连云港海青寺塔、聊城明初光岳楼以及如皋水绘园等园林建筑，协助、参与建筑大师梁思成设计了扬州大明寺鉴真和尚纪念堂。他还把苏州网师园以"明轩"的形式移建到美国纽约大都会博物馆，开了新中国建立以来园林文化建筑对外输出的先河。正因为如此，他由一方"梓室"走向了全国，走向了世界。日本人称他是"中国园林第一人"，美国人称他为"中国园林之父"。

陈从周与安宁楠园

　　这样的大师级人物，安宁请得动吗？1986 年底，李康祖等人受安宁县委托，专程来到上海，邀请陈从周到安宁造园。在同济大学一位教授陪同下，李康祖一行在学校教师宿舍区陈从周寓所拜会了陈从周。见到陈从周后，他们真诚地说明了来意，恭请陈教授远赴云南昆明安宁，去造一座独一无二的江南园林。陈从周当时并没有一口答应，但也没有拒绝，他只是说从来没有到过云南，对云南旖旎的风光向往已久，是否赴滇造园则容他考虑后再定。

　　一年多过去了，没有得到陈从周的答复。1988 年春，安宁县委、县政府决定再次前往上海诚邀陈从周赴滇造园。这次由县委副书记、县长段文出马，时任县委办公室主任刘家麟和李康祖参加。来到陈从周家，他们才知道，这一年，先生正处于人生中一段凄风苦雨的日子中：夫人蒋定卧病一年多后去世，而在美国留学的独生爱子陈丰，1987 年 11 月 29 日在一场莫名其妙的冲突中，被一个墨西哥人行凶杀害……连续诀妻失子，让陈从周悲痛欲绝，一直情绪低落，郁郁寡欢。听到先生的不幸遭遇，段文等人再三开导安慰抱病在家休息的先生："家中不幸，但您老人家不能把自己封闭起来……去云南安宁造江南园林，正是调整心境的一个好机会。再说了，这次到安宁是新造一座古典园林，不同于以往的抢救、修复和重建。园子可以完全按您的意图去设计、构图，体现您的园林艺术理念，实现您想独立造一座江南园林的夙愿……"一番发自肺腑的话，终于打动了陈老先生。他终于答应先到安宁去看一看，如果条件合适，他就在祖国西南边陲造一座原汁原味的江南园林。陈老说："大半生了，我虽然研究中国园林多年，也参与修复、抢救过多处园林，却从未能独立设计和建造过一座园林，这对一个毕生从事园林研究专业的人来说，确实是一件憾事！"

　　这是一次非常重要的拜访。段文一行走后，陈从周先生几经思量，最后下定决心，辞掉了美国华盛顿请他去造中国园林的邀请，

专门到云南安宁实地考察，一心一意在云南造一个江南园林。1988 年 4 月，安宁县城建局派出李康祖等人第三次来到上海，专程接陈从周赴滇考察。

"三顾茅庐"请来的梓翁，通过考察，对在安宁造园表示充分认可。调研后陈从周了解到，安宁是一座具有悠久历史的古城，文化底蕴深厚。自西汉元封二年（前 109 年）置连然县以来，安宁已有两千多年的历史，留下了诸如许多新石器文化遗址、唐代王仁求碑、宋代曹溪古寺和洛阳山石窟群、元代连然文庙、明代杨慎拓刻的古禹碑等众多极具价值的历史文物。陈从周对安宁的领导说："反映一个地方的历史文化，造园是最能体现出来的。安宁要造一个中国古典园林，这一做法是英明之举，非常难得，将来历史会证明，这是一个远见卓识。"

"名家"用"名木"造"名园"

但造一个怎样的园？在哪里造？李康祖提出了一个想法。当年他在苏州游园时，看到苏州留园东部景区主厅五峰仙馆，因大厅梁柱为楠木所构，故称"楠木厅"。楠木是国家二级重

楠园小景

点保护野生植物，成材要上百年，十分珍贵，是一种价值极高的木材，质地坚韧，不腐不蛀，无收缩性，气味幽香，是古代皇家园林如北京故宫太和殿、乐寿堂、长陵等古建筑的首选木材，十分符合建构中国古典园林。而在全国闻名的植物王国云南，盛产楠木，楠木分布在元谋、西双版纳、怒江等地河谷，有资源优势。李康祖心想，既然如此，我们何不用楠木造一座名副其实的园林"楠园"呢？他的这一想法，得到了陈从周的认可，"名家"用"名木"造"名园"，作为一个毕生孜孜追求完美园林艺术的大师来说，没有比实现这个愿望更令人振奋的了！至于在哪里造园，百花山就是一个好地方。

用楠木造园的想法，同样得到了安宁县委、县政府的大力支持。此事就这样定了下来。时任安宁县委办公室副主任的杨宗元（后任安宁市常务副市长）提出，他在怒江生活了近20年，对怒江傈僳族自治州的情况很熟悉，建议到怒江州购买楠木。就这样，由杨宗元、李康祖奔赴怒江协调购买，一批产于怒江州凤凰山林场的上品金丝楠木，通过艰难的采伐、运输，顺利抵达安宁，再通过干燥加工等工序处理，等待造园。

楠园选址和选材

1989年春，陈从周为建楠园风尘仆仆来到安宁。住下来后，他首先想到的事就是为楠园看地选址。他站在高处，举目俯瞰安宁百花山，百花山巅的一块空地跃入眼帘：地方不大，有平地，有坡头，颇利于因地制宜建造园林。他对此很满意，返回住所后即画了一张草图，大体安排了园子的各个景区、景点的位置。大师就是大师，一张草图，融进了陈从周的造园理念。楠园的园林设计方式可谓别具一格。陈从周认为，造园应有法而无式，变化万千，因地制宜，新意层出，园因景胜，景因园异。就凭着手中的一张草图，陈从周在百花山几十亩园址地上"指点江山"。

依据草图，陈从周要求施工方一定要理解他的设计意图，在施工中尽力做到园子"虽为人作，宛自天成"的境界。陈从周对百花公园中用煤渣和水泥做成的假山非常不满，当即指出："这是建筑垃圾！建园林需要还我自然，不

楠园雪景

要'真山下面堆假山，宾馆门口摆粥摊'，云南有那么多真石头，为什么还要用水泥做假山？"陈从周造楠园，原则如下：楠园主体建筑材料大到梁柱、小到椽子均用滇产楠木；施工单位请专门从事古建筑的江苏常熟第三建筑安装公司（这个班子是上海豫园扩建工程的老班底，最能理解陈从周的造园意境和技法）；造假山的石料就地取材；园中植物均用本土植物，云南是植物王国，楠木、竹子、芭蕉、杨柳等等，应有尽有，且本土植物成活率高，生长又快，用之何乐而不为呢？其余砖、瓦、配件（包括铜插销、风钩）等则从苏州运来，以保持园林的苏州文化风格。

对于楠园所用石头，这里还有一个插曲。楠园既然是江南风格的园林，其必需的太湖石，安宁县城建局起初考虑还是从太湖周边地区选购。陈从周则认为，云南是一个多山之地，石头造型的特点，丝毫不亚于太湖石，且取材方便，节约成本，何必要舍近求远，浪费资财呢？于是，建设单位跑到石林选材，但觉得石头在造型上不太理想，后又跑回昆明周边几个地方，最后在安宁县鸣矣河乡和晋宁县（今晋宁区）交界的地方发现一片石山，山上裸石奇形怪状，颇具特色。陈从周审看了样石后，马上拍板：可以用，不要受限制，苏州狮子林就用了大量黄石，不是也很美吗？石头的问题就这样解决了。

定下了建设方案，陈从周返回上海，他致信安宁政府说："楠园之建，老兴无限，务使成为西南名园，以颂德政，永垂来兹。此从周务必努力为之也。……以文化兴工业，以虚烘实，古之贤守皆重视此端也。他日成为西南明珠，万人来观，安宁以此园闻天下也。西南风景甲天下，安宁楠园冠西南。能臻此目的则吾等之愿足矣。……（我）以余力建楠园，立下决心，请放心，共成此园，小中见大，对安宁大有好处也。"

国内文化名流为楠园挥毫泼墨

在上海，陈从周邀请上海的各位名家为安宁楠园题联写匾，他很清楚，这些名家大多年事已高，这次请其题联写匾，实际上就是在抢救我国珍贵的非物质文化遗产。为安宁楠园题联写匾，沪上的文化名流们纷纷挥毫，一时成为盛事。当时的中国文联副主席、全

"春花秋月馆"匾额

国政协委员、我国著名昆曲与京剧表演艺术家俞振飞为园内"鸳鸯馆"题写了"春花秋月馆"匾额；时年已 108 岁的著名书法家、苏东坡第 28 代世孙苏局仙为楠园题写了"春苏轩"匾额；我国著名的版本目录学家、上海历史文献图书馆馆长、上海图书馆馆长、华东师范大学与复旦大学兼职教授、书法家顾廷龙为楠园题写的是"小山流水馆"匾额……陈从周本人也为楠园题写了园名和大量匾联，如"怡茗楼""音谷""安宁阁""藏春""引翠""流泉"等。此外，他还为百花公园题写了园名。这些名家为安宁楠园留下的墨宝，如今已成为我国书法界的珍稀之宝。

楠园横空出世

1990 年 4 月 29 日，建设楠园的各项基础工作基本就绪，楠园建设工程正式破土动工。翌年 4 月，陈从周带着上海名家为楠园题写的匾额横联，再次来到安宁，全身心投入楠园的建设之中。他每天坚持在工地上指导施工，对工程的所有细节严格把关，几次因为达不到预期效果而发脾气，甚至要求推倒重来。由于年逾古稀，年事已高，又身患多种疾病，加上连日劳累，他病倒了……就是这样，他耗费心血设计的楠园，他坚持

"音谷"

分文不收。在当时拜金主义倾向已经比较严重的情况下，陈从周耿介正直，疾恶如仇，两袖清风，适性任情的人品和性格，赢得了人们的一致敬佩。

1991 年 12 月 17 日，安宁楠园建成剪彩，陈从周再次来到楠园现场，面对自己在千里之外精心设计建造的这座古典园林，他是满意的。他专门撰写了一篇《楠园小记》，概述了安宁造园的经过："安宁有温泉，昆明之胜地也。昆明景物四季长春，世人所向往者。安宁县邀余游居之，真神仙高境，山水信美，遂有构园之思，以为游人憩息之地。园有水一泓，倚山垒石，亭馆参列。材采楠木为之，故曰楠园。园可以闲吟，可以度曲，更容雅集举觞。秋月春风，山影波光，游者情自得之。辛未秋园成为记。"并即兴赋诗一首："人间何处武陵源，秋月春光系梦魂。为爱滇南山水好，古稀千里筑楠园。"

在接受采访时，陈从周自评说："纽约的明轩，是有所新意的模仿；豫园东部是有所寓新的续笔；而安宁的楠园，则是平地起家，独自设计的，是我的园林理论的具体体现。"从这里不难看出，陈从周先生对自己亲自设计、建造的楠园，是满意的、欣慰的。

楠园的横空出世，惊艳登场，让浸淫于中国传统文化的文人雅士们兴奋不已。精微、雅致的园林文化的触角伸向了千里以外的彩云之南，这无疑是一件值得大力宣传和吟咏的好事，锦上添花。陈从周先生的好友周道南，在为豫园征集诗联的基础上，又征集了"楠园题咏"百余题，全国著名学者、诗联家冯其庸、匡亚明、苏步青、苏渊雷、吴小如、钱仲联、吴藕汀、何满子以及云南诗词界、楹联界名家谭锋、周嘉禾、陈蜀尧、赵仲牧、孔庆福等等，纷纷奋笔放喉，为楠园留下了珍贵的诗词、楹联、曲赋，成为文坛一道美丽的风景线。

2000 年 3 月 15 日，一代园林艺术大师陈从周教授在上海病逝，享年 82 岁。斯人已去，"先生之风，山高水长"！

园林艺术明珠　城市文化名片

30 年前，一次小小的现代生活和中国传统文化的美丽邂逅，让安宁，乃至全国，拥有了一座独一无二的"楠园"。这是中国园林艺术大师的收山之作，也是中国园林发展史上的独特之作，它既具有苏州古典园林的风格，又充分兼顾了安宁的地貌、云南的山石和植物，体现了陈从周教授的园林研究成果和深厚的传统文化造园的功力。小小的楠园，连通了云南和江南的山山水水，在祖国西南边疆的高原一隅，依旧流转着姑苏之妙、江南之趣的文人园林特有的神韵，小园的诗情画意中，印刻着一代中国园林艺术泰斗的人格风范。

如今的安宁楠园，先后经 1999 年、2001 年、2004 年零星维修和 2017 年的全面修缮，宛然成为云南红土高原上闪烁光华的园林艺术明珠，是安宁城市文化品位的亮丽名片。楠园共占地 6667 平方米，除建园材料以楠木为主外，辅以香杉木、云冷杉等，也成为园中重要的观赏植物。楠园是建筑、山水、花木浑然天成的综合艺术品，园中的花草、楠木、竹子、芭蕉、杨柳等等，或大或小，或高或低，错落有致，自然天成，模山范水，相映成趣。园内水随山转，山因水活，与自然相呼应，与原生态相融合，关乎审美，关乎科学，有意境、有学问、有品格、有灵性。园内的走廊，看似平坦，其实起伏，每扇窗格，其形各异，无一雷同。楠园巧妙的园林布局，古典的造园风格，特殊的建筑材料，形式多样的园林建筑，合理的植物配置以及诸多名人墨迹题咏，让楠园一下子跻身于中国顶尖古典艺术园林之列。据介绍，安宁市将把楠园作为重点文物保护单位进行申报，园旁将启动"陈从周艺术馆"建设，依托楠园和陈从周艺术馆，这里将成为全国高校古典园林艺术教学研究示范基地。

"几多泉石能忘我，何处园林不忆君？"安宁楠园是纪念一代园林艺术大师陈从周的最好凭借。27 年前，陈老的好友、著名文史专家田遨对陈老说："有人称你的园林是'名园分绿'，我以为，你在昆明（安宁）造楠园，所谓'运拙成巧''寓幽于旷''相地制胜'，都已造出了新境界，再说只是'名园分绿'就不足了，我以为楠园'岂止平分江南绿'，是'一时大匠开鸿蒙'啊！"田遨认为楠园是全新的"劈开鸿蒙"的中国园林创新之作，可以传世，可以笑傲园林湖海了！

无论如何，安宁楠园已经成为一个鲜明的文化符号，记载着中国园林史上的一段永恒的人文佳话，一段永堪忆念的文化情缘。楠园将因一代园林艺术宗匠陈从周先生而成为不朽，陈从周的艺术生涯也将因楠园而越加光彩动人，这是陈从周先生与楠园的福分，同时也是安宁与安宁人的福分。

铭刻于安宁大地的红色记忆

　　作为千年盐都、冶铁名城和历史悠久、文化久负盛名的安宁，在 20 世纪风起云涌的革命洪流中，留下了鲜明的红色记忆。具有光荣革命传统的安宁大地上，各族人民为争取民族独立和人民解放、自由和幸福的斗争，为抗击日寇侵略的斗争和牺牲，都为安宁光辉大地写下了壮丽的篇章。

红色火种："星星之火，可以燎原"

随着马克思列宁主义在中国的传播和 1921 年 7 月中国共产党的建立，第一次国内革命战争（又称"大革命"）在华夏大地展开，新生的中国共产党在全国各地组织农民协会，领导农民进行反帝反封建斗争。其中由毛泽东、彭湃等主持的广州农民运动讲习所，吸引了大量的革命青年和知识分子前往学习。

参加省农民运动讲习班

1926 年 9 月，由毛泽东主持的广州第六届农民运动讲习所结束，中共党员、云南学员周霄、黄丽生以及罗彩等 3 人从革命策源地广州回到了云南。按照中共广东区委的指示，他们在昆明建立了云南农民运动办事处，积极开展农民运动。农民运动的红色火种开始在云南大地点燃。

当时的安宁，这字面上读来仿佛永不掀起涟漪的地方，正被封建专制长期统治、封建地主长期压迫剥削，以及帝国主义侵略，各族人民长期处在水深火热中。在昆明，热血青年在五四运动和五卅运动等的影响下，积极支持弘扬民主与科学，支持工人运动，抵制日货，以聂耳、张天虚、艾思奇、郑雨笙、张庚侯等为代表的各界青年代表，在省城参与并鼓励群众投身时代的洪流，奋起抗争。距离昆明 30 多千米的安宁，虽只是相对宁静、自然的乡村和小城，革命的风声和雨声依然激荡着时代青年的心脏，尤其是农民运动，更是如火如荼。

1927 年 2 月中旬，中共云南特委在昆明长春坊省教育会内举办

❶20世纪30年代的
昆明城

❷安宁旅省同乡同学
会：杨树金

❷安宁旅省同乡同学
会：李炳垣

两周的农民运动讲习班，学习人数20余人，部分是在省城求学的农民青年，部分是年轻的乡村小学教师。安宁旅省同乡同学会通仙桥村人杨树金、小桥街人李炳垣参加了本次农民运动讲习班。

当时云南的政治现实是严峻的，在大革命的影响下，中共云南特别支部以党、团组织为核心，组成了广泛的统一战线，而统治云南多年的云南都督唐继尧，被胡若愚、龙云、李选廷、张汝骥等"四师长"发动的"二六政变"所推翻，云南一时陷入混乱。昆明长春坊省教育会内的农民运动讲习班就是在这样的局势下举办的。李鑫是中共云南特别支部的负责人，他坚毅、勇敢，理论水平高，非常富有个人魅力。后来的著名作家巴金就很敬佩这位中国早期的优秀共产党人、中共云南特别支部的领导人，还以他为原型创作了中篇小说《砂丁》。李鑫以农民运动特派员的名义讲学，主讲工人运动和农民运动之关系。另一位中共云南特别支部负责人、一代女杰吴澄主讲妇女运动必须深入农村的重要性。亲耳聆听过农民运动领袖毛泽东讲课的周霄和黄丽生，则分别主讲了《农民问题及广东海陆丰农民运动实况》《农协组织章程和农民自卫军的编制及任务》。

讲习班将中国共产党关于农民运动的理论与实践精神，讲得生动、透彻，学员们激情澎湃，信心十足。

筹建县农民协会并建立中共安宁支部

讲习班结业后，20多位学员分别到昆明附近的安宁、昆阳、晋宁、澄江、富民、宜良等地开展农运，"星星之火，可以燎原"。杨树金、李炳垣回到安宁，深入农村宣传发动群众，进行党的宣传，筹建县农民协会。李鑫、黄丽生也经常到安宁指导，党的活动和农运工作次第展开。从此，安宁各族人民在党的领导下，走上了新的征途——

1927年春，中共云南特委派党员到安宁工作，建立了中共安宁支部。1928年春又建立中共安（宁）、禄（丰）、易（门）特别区委。

召开县农民代表会议

1927年3月12日，利用在法华寺唱会戏的机会，杨树金等召开县农民代表会议，到会代表30多人。会场上贴满了"打倒贪官污吏、土豪劣绅"等标语。会议提出"取消苛捐杂税"等口号，选举成立了安宁县农民协会。6月中旬，安宁县农协在县城南太极山戏台召开安宁县第二次农民代表会议，除县农协委员、农民代表外，还邀请了旅省同乡会、同学会成员，小学教员、政绅和城郊农民共600多人参会。省农协还派赵琼英（女）、王复生、李秉尧等四位著名共产党员到会指导。会议由李炳垣主持。会议传达了省各县农协代表大会精神，对贪官污吏进行了揭

❶中共云南早期重要领导人：李鑫

❷省农运委员：黄丽生

❶时任安宁二区区长、龙堡寺中心小学校长：赵楚珩

❷安宁县第一次农民代表会议会址：法华寺

发斗争。安宁召开农代会的消息传到昆明，省警察局立即派人到安宁抓捕与会者，因已散会，抓捕行动未果。此后，由于蒋介石"四一二"反革命政变的影响，神州大地一片白色恐怖的气氛，安宁的农民运动也只好由公开转入秘密，但反封建主义的革命斗争仍在安宁大地上继续进行，红色的火种仍在继续传播。

建立联络站营救陈世昌

1935年2月，中央红军长征经过云南。1936年3月初中国工农红军二、六军团经过云南，4月19日攻打楚雄。中共安（宁）、禄（丰）、易（门）特别区委积极帮助、配合中央红军。中共云南地下党党员，时任国民党楚雄县（现楚雄市）常备队分队长的陈世昌按中共党支部的决定，带常备队分队主动撤离驻守的雁塔山高地，让红军一举攻占了楚雄县城。陈世昌恐暴露身份，决心搞武装斗争，经中共党支部研究并报省临工委同意，陈世昌于7月率领常备分队12人起义，建立楚（雄）双（柏）峨（山）易（门）游击大队，陈世昌任大队长。游击大队被国民党部队围剿失败并悬赏1000元大洋捉拿陈世昌。省临时工委和中共安（宁）、禄（丰）、易（门）特别区委后来得知，斗争中陈世昌因受伤在易门、峨山、安宁边界一带隐藏。为接应陈世昌，省临时工委决定在安宁建立联络站，做好接应工作。随后，省临时工委利用中共党员刘璧华与黄埔军校同学、时任安宁二区区长、龙堡寺中心小学校长赵楚珩的关系，让刘璧华等人以教书为掩护秘密建立联络站，并成功营救陈世昌。直到1938年2月，陈世昌等人在组织安排下转移到曲靖罗平县工作，联络站才最后取消。

抗日救亡　群情激昂

1931年"九一八"事件爆发，日本军国主义开始发动对华侵略战争。1937年"七七"卢沟桥事变后，日本侵略军更是大举进犯中华。1932年4月，安宁县立乡村师范学校的全体师生与昆明各中等学校毕业回县的同学共同联合发起召开"抗日救国动员大会"，呼应全国和昆明，动员民众起来积极抗日。安宁人民群情激奋，义愤填膺，热烈响应，积极投身到教育救国、参军救国的抗日斗争中，举全县人民全力支援抗战。

　　1937年，建立中共安宁中学支部简易师范学校，扩办安宁县立初级中学暨简易师范学校（简称安宁中学）。1938年2月，乘选聘中学校长之机，中共云南省临工委决定建立中共安宁中学支部，并派赵国徽任支部书记，相继选派中共党员和进步教师到安宁受聘任教。1939年3月，建立中共安宁中学支部委员会，在党支部领导下组织群众开展抗日运动。在抗日救亡的危急关头，民族的尊严依然会写在每一个中华儿女的心头，抗击侵略，保卫河山，以陈钟书将军为代表的安宁人，用鲜血和生命书写了可歌可泣的悲壮篇章。

召开"抗日救国动员大会"

　　1931年"九一八"事件爆发，日本军国主义开始发动对华侵略战争。1937年"七七"卢沟桥事变后，日本侵略军更是大举进犯中华，抗日战争正式在华夏大地上全面展开。日本侵略者十分狂妄，扬言三个月灭亡中国。此时的中国，国家、民族风雨飘摇，面临一场生死存亡的决战。国共两党精诚合作，全国军民热血沸腾，奋起抗战，全国各地各阶层的抗日组织如雨后春笋般涌现，轰轰烈烈的抗日救亡运动在全国兴起。

正当国难当头之际，全国抗日救亡运动高潮此起彼伏，安宁人无不义愤填膺。

1932 年 4 月，安宁县立乡村师范学校的全体师生与昆明各中等学校毕业回县的同学共同联合发起召开"抗日救国动员大会"，呼应全国和昆明，参加大会的各族各界民众 1000 多人，人们群情激愤。大会上，骨干分子向人群宣传抗日救国的重大意义，动员民众起来抗日。整个会场，"打倒日本帝国主义"，"驱逐倭寇"，"抵制日货"等口号声此起彼伏，响彻云霄。

安宁学生在街头宣传救亡运动高呼口号

教育救国　参军救国

1935 年北平爆发了"一二·九学生运动"，中共云南省临时工委于 1936 年 1 月 1 日发动、组织昆明大中学校学生 5000 多人向云南省政府和省教育厅请愿，游行示威。在各种抗日活动的感召下，安宁乡村师范学校的师生一部分回乡从教，以教育救国为目标，而另一部分则毅然投笔从戎，直接参军，奔赴抗战第一线。其中，陈振国、杨存德等 11 名同学在参加滇军六十军之后的台儿庄战役中，为国捐躯，献出了年轻的生命。

成立抗日救国义勇军安宁分队

1931 年"九一八"事变爆发后，在全国抗日救亡运动热潮的推动下，安宁县乡村师范学校（现安宁一中）师生义愤填膺，由国文教员马梦良等发起成立了"抗日救国义勇军安宁分队"，并发表了《安宁县立乡村师范成立抗日救国义勇军宣言》。宣言慷慨激昂：

> 同胞！我们堂堂华胄的中华民族，自甲午之役，被蕞尔小岛的倭奴打败以后，便得步进步，得寸进尺，处心积虑，无时不侵略我国，此时更悍然出兵东北，侵我辽吉，进窥平津，对于同胞任意杀戮，我们听见了这样的噩耗，真是椎心泣血，悲痛十二万分！

> 同胞！悲痛是无用的，实在，一个国家的土地，被外人占据着，人民遭了人家的杀戮，财物遭了人家的抢掠，我们身为其国的国民，只是悲痛一阵，于国家有何益？同胞们！处在这亡国亡种千钧一发的时候，我们唯一的办法，只有抵抗！抵抗！抵抗！

> 我们安宁乡师青年学子，痛河山的沦亡，为杀贼的准备，爱国热忱，并不肯甘落人后，将于本月 23 日，正式成立抗日救国义勇军，实施军事训练。

> ……

激昂的宣言令安宁县立乡村师范学校的师生热血澎湃，他们在校门前高挂起"抗日救国义勇军安宁分队"的牌子，学生身着灰军服，湛蓝领章，黑色操帽，白裹腿，腰系皮带。为便于训练，学生一律住校，特聘体育教师李辉文为军训教官，雇用号目，以号声作息，早晨 6 时起床，7 时上军事操，每周讲授军事常识一至二节，提出"炼就铜心铁骨，誓与倭寇拼命"的口号。

全县人民全力支援抗战

1938 年 3 月，新学年下学期开始，在全国抗日救亡高潮的鼓舞下，安宁中学根据中共中央《抗日救国十大纲领》要求"改变教育的旧制度、旧课程，实行以抗日救国为目标的新制度、新课程"的抗日教育政策，采取一系列措施，改变安宁中学的面貌。其措施是：学习延安抗日军政大学精神，把"团结、紧张、严肃、活泼"作为安宁中学的校训；校园和教室内张贴抗日标语，每周举行一次时事演讲和哲学研讨会，进行抗日救亡的宣传教育；提倡抗大学风，理论与实际相结合，推行"教、学、做合一"，反对脱离实际，关门读书等。

经过一段时间的工作，学校面貌焕然一新，师生团结，生气勃勃读书蔚然成风，抗日情绪高涨，安宁中学宛然成为全县抗日救亡运动的中心。随后，安宁中学的师生们，读书之余，走出校门，宣传发动群众，组织学生回乡开展抗日宣传；举办小学教员讲习班培养抗日骨干；组织学生旅行，深入农

安宁县立乡村师范师生成立"抗日救国义勇军安宁分队"

村宣传；参加联欢大会，校内外结合纪念红五月，宣传军民联合抗战……

全社会都动员起来了。1937年9月29日，安宁县成立了抗敌后援分会和救国公债劝募委员会安宁县支会，动员全县人民全力支援抗战。安宁的抗战图景令人难忘：县救国公债劝募支会分配给全县5个区劝募国币4000元，全县人民积极认购，至12月底全部完成任务。12月，县抗敌后援分会组织冬季御寒物品募捐队，劝募御寒物资，支援抗敌将士及伤兵、难民。1938年，在全县范围内征调民工，赶筑滇缅铁路安宁段，至1940年铺轨竣工并举行了隆重的通车典礼。1939年派调民工赶修安罗（安丰营至罗次）、安易（安宁至易门）两条公路，汇入抗战的生命线——滇缅公路。1940年，安宁县成立了军粮采办委员会。1941年县政府设粮政科，专办军粮征集；同年又成立田赋处，改征实物，并募集救国储蓄金。安宁人民在募集中，支援了大量的粮食和财物，并在嵩花阁成立了后方医院，做好治疗伤员的准备。

用鲜血和生命写下的最动人的篇章。抗日战争期间，安宁县共征集了兵员3193人，有304名（含失踪人员）在抗日前线为国捐躯。其中，在举世闻名的台儿庄战役中，有162名将士壮烈牺牲，尤其是安宁县八街镇何家营村的陈钟书少将旅长，身先士卒，壮烈牺牲，以血肉之躯捍卫祖国疆土。

在抗日战争中牺牲的安宁籍将士还有中将副军长吕继周（病故），少将顾德昌，上校王恩贵、王国梁、常正学，中校魏开泰，少校王国梁、刘子和等。

陈钟书血沃中华

生于安宁八街镇的陈钟书，自幼勤俭持家，正直忠厚，尊老爱幼，为官清廉，治家严谨，是安宁人民的骄傲，中华民族的好儿子。他身为一代名将，在震惊中外的台儿庄战役中，勇往直前，身先士卒，多次予敌重创，最后壮烈牺牲，用自己的满腔热血和实际行动谱写了一曲抗击侵略的正气歌。

抗日先烈陈钟书是安宁革命文化中最鲜明的记忆之一。

陈钟书，字树藩，国民党陆军少将，1891 出生于安宁八街月照屯村人（故居现址八街何家营村）。陈钟书有兄弟姐妹 8 人，他排行第二，因家境贫寒，读了两年私塾后，11 岁时即辍学帮人放牛。为替父母分担家庭重担，16 岁就独自到大石洞开荒，栽种荞麦。1908 年，17 岁的陈钟书参军并进入武备学堂学习，随后编入滇军十九镇（师）七十四标（团）。1911 年他随军参加了蔡锷、唐继尧等领导的云南辛亥"重九"起义。之后，在护国、靖国、护法、反对张勋复辟等历次战争中，陈钟书作战勇敢，屡建奇功，由士兵升至排长、连长、营长。1928 年后，历任国民党陆军第三十八军第九十八师第三旅第六团少将团长、麻栗坡特别区少将衔边防督办（署行政，监司法、军事和外事，并兼麻栗坡学校督监）、第六十军第一八三师第五四二旅旅长。

陈钟书是天生的军事人才和管理人才。1931 年 4 月，他调任云南边防麻栗坡特别区少将衔边防督办，署行政，监司

抗日先烈陈钟书

法、军事和外事，并兼麻栗坡学校督监。在任上，他经常微服私访或派人到民间与边防军了解民情。他治军严明，并积极兴办团练，巩固边防。经他一年多的经营，边防一带滇军军威大振，边境安宁，盗匪匿迹。连统治法国殖民地越南的法国人都对他敬畏三分。

被保送进云南陆军讲武堂

陈钟书因战功卓著而被保送到云南陆军讲武堂学习。中华优秀传统文化也深深涵养了他，"修身齐家治国平天下"的理念，他作为自己人生的准则，故一旦管理一方，他就充分展示自己的能力和治理方法。他首先严惩危害民族利益、欺诈百姓的地方黑恶势力，如查抄土豪劣绅宋某的家、制服马关地霸李某，对黑恶势力元凶则处以极刑等。为使边地儿童有读书的机会，陈钟书动员当地士绅集资兴办学校，聘请有志青年到校任职。短短一年多，治理成效明显。翌年10月17日他卸任时，当地群众在街上摆放香案送别，地方父老还送陈钟书一枚金质纪念章，为他立了一块德政纪念碑，勒文赞扬他一年来的德泽和功绩。

陈钟书身为少将，却毫无将军的做派。每次回乡，他都身穿便服，时常和安宁乡亲蹲狗肉摊共饮攀谈。每到一处，人们也喜欢和他接近，老人当众直唤他的小名。陈钟书亦常借此时机给乡亲们讲目睹的一些爱国故事。当他知

12陈钟书故居

道家乡受灾时，便拿出准备建房的积蓄，三次在家乡街子天施米。他不顾门当户对之传统，和贫穷的杨老五拜了亲家。他对自己的亲人要求非常严格，其族中有一兄长是安宁、易门、罗次、昆阳、禄丰5县联防剿匪大队长，想借"接风"之名，宴请陈钟书办私事。陈钟书诚恳劝告说："大哥，我们是为百姓办事的官，应该处处为百姓着想，多为百姓办些好事。"陈钟书之弟叫帮工到风水林里砍柴，陈钟书知道后，把他叫来，沉痛地说："如果大家都跟随你乱砍滥伐，水土流失，我们风水林中的大龙潭水必将枯竭，我们陈家就成了罪人，要受到后辈咒骂的。"

喋血于第二次台儿庄血战

1937年全面抗日战争爆发，作为军人的陈钟书对家人说："日本人欺我太甚，我要上抗日前线，不打败日本鬼子决不回

滇六十军誓师出发

家！"9月，陈钟书调任滇六十军一八三师五四二旅旅长，10月5日从昆明誓师出发，奔赴抗日前线，参加"徐州会战"。

1938年4月22日至5月14日，滇六十军投入了极其惨烈的第二次台儿庄血战。在这次会战中，一八三师作为主攻部队冲在最前面，也打得最为惨烈。陈钟书部奉命守卫陈瓦房、邢家楼、五圣堂一带。22日战斗打响，陈钟书镇静指挥。在武器装备悬殊的情况下，云南健儿凭着激情和爱国主义精神，打退了日寇一次又一次的进攻。日寇也惊讶于是遇到了一支什么样的中国军队，如此英勇顽强？因为日寇自发动侵华战争以来，很少碰到如此能打的中国军队，恼羞成怒之际，便派出飞机在阵地上低空扫射，用密集的炮火对我方阵地狂轰滥炸。友军汤恩伯所属部队因抵挡不住退出第一线后，六十军滇军将士们仍在那一望无垠、无险可据的平原上与日寇拉锯，粉碎了日寇40余次的疯狂进攻。23日上午，日寇纠集步兵、骑兵，在飞机大炮的掩护下，向滇军阵地猛攻，陈钟书传令隐蔽，当日寇进入有效射程之内时，随着一声令下，滇军的机枪、手榴弹一齐愤怒地射向敌人，日军丢下一地尸体，狼狈退去。24 日下午，日寇又发动了更大规模的冲锋，但我方弹药供应不上，只好与日寇展开肉搏战。陈钟书端起枪，振臂高呼："打倒日本帝国主义！"率领将士冲向日寇。

短短三天的战斗，中日双方在鲁南大平原上的几度冲锋与肉搏，伤亡惨重。滇军的第六十军军长卢汉上将得知，三天时间，六十军将士伤亡竟高达 15000 余人。战斗最惨烈的时候，据说六十军军长卢汉亲自将重机枪架在阵地后方的浮桥上督战并下令：战斗凡有退缩者，一律就地处决！然而，在阵地上硝烟弥漫、枪声不绝于耳的落日黄昏中，正在桥头督战的卢汉突然发现有两个士兵背着一名军官，急匆匆退向阵地后河面上的浮桥。卢汉大喝一声："激战正酣，什么人胆敢撤退？不要命了！"两名士兵边跑边喊："报告军长，是陈旅长负重伤了。"

负重伤的正是陈钟书。原来，他身先士卒，率官兵跃出战壕，与敌人展开肉搏的那场搏斗，他虽然身中数弹，仍浴血坚持。在连续刺倒 14 个日寇后，敌人的一颗罪恶子弹飞来，子弹从陈钟书的左眼打进去，从后脑穿出，陈钟书当即昏厥，倒地不省人事……卢汉看到陈钟书满身血污，双拳紧握，赶快叫战地医务人员紧急救治，意识稍有清醒后，便准备从前线运往徐州做进一步救治。但终因伤势太重，47 岁的一代名将陈钟书没有能够挺过鬼门关，壮烈牺牲在了抗敌的战场上。

感人泣下的战地遗书

陈钟书 30 年戎马生涯，12 次参加敢死队，9 次重伤危及

滇军浴血台儿庄剪报

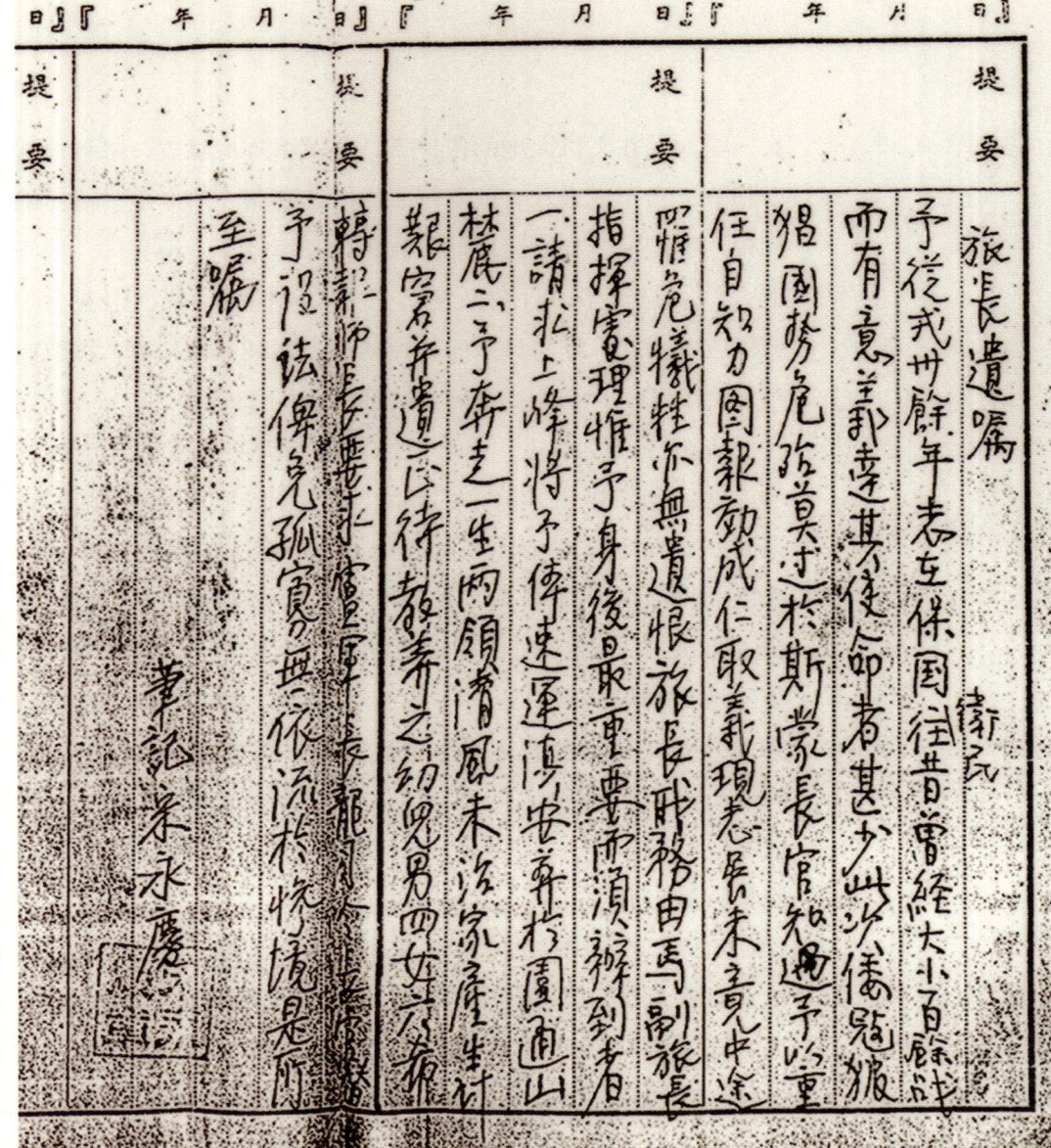

陈钟书战地遗嘱

性命，他都挺过来了，但这一次，他壮志未酬，马革裹尸，血沃中华了！在陈钟书弥留之际，上尉参谋宋永庆记录下了一代英烈感人泣下的遗嘱：

予（陈钟书）从戎卅余年，志在保国卫民。往昔曾经大小百余战，而有意义达其使命者甚少，此次倭寇狼猖，国势危殆莫过于斯，蒙长官知遇予以重任，自知力图报效成仁取义，现志虽未竟，中途罹危牺牲亦无遗恨。

旅长职务由马副旅长指挥处理。惟予身后最重要而须办到者，一、
请求上峰将予体速运滇，安葬于圆通山麓；二、予奔走一生，两袖清风，
未治家产，生计艰窘，并遗正待教养之幼儿男四女六，希转报师长要求
卢军长、龙司令长官替予设法，俾免孤寡无依，流于惨境，是所至嘱！

字字血，声声泪！为国牺牲，却两袖清风，英烈的遗嘱到今天读来，依然感
人至深！

陈钟书牺牲后，消息传回云南，全滇各界一片悲痛，人们纷纷到陈钟书家吊
唁。工农商学兵在昆集会沉痛追悼，政府也对陈钟书家属颁发了抚恤金。安宁、
八街各族各界群众分别召开追悼大会哀悼民族英雄陈钟书，并把陈旅长等抗日阵
亡将士灵位入祀忠烈祠，精镌匾额"功勋不朽"和"金碧生辉"悬挂于陈旅长家
乡八街的关圣宫。抗战胜利后，国民政府特颁发"金碧生辉"巨幅横锦表彰其抗
日功勋，并追赠其中将军衔。

"人生自古谁无死，留取丹心照汗青！"

抗日英雄陈钟书以"惊天地，泣鬼神"的壮举，以鲜血书写了"民族魂"的
红色大字，永远嵌于历史的忠烈册中，陈钟书无愧为安宁人民的骄傲！1984年9
月，中华人民共和国民政部正式追认陈钟书为革命烈士。

重建党组织　迎接安宁解放

1945 年 8 月 15 日，日本政府宣布无条件投降。伟大的中华民族经过 14 年艰苦奋战，终于取得抗日战争的伟大胜利。抗日战争胜利后，中国迫切需要一个和平安定的环境，休养生息，重建家园。然而，国共两党之间的解放战争打响了。

为了中国走向光明的前途，建立新中国，安宁县也积极响应中共云南省工委根据党中央和中共南方局的布置，重建了党组织，并将工作重点进一步转向农村，建立人民武装，组织了癞乌包阻击战，粉碎了敌人围攻峨山解放区的阴谋。

李方英受派回乡恢复党组织

在重建党组织工作中，中共云南省工委认为安宁是昆明西大门，紧接滇西锁钥碧鸡关，地理位置十分重要。这里自 1939 年 7 月中共安宁中学支部临危撤离隐蔽后，一直未恢复党组织，应该派员去开展工作，重建党组织。

1942 年，安宁青龙镇人、中共党员李方英接受党的指派，由西北回到了家乡青龙。在青龙小学当教师的他，一直坚持对学生进行启蒙教育，传播进步思想。1945 年 11 月，中共云南省工委找到了他的联系人李明，传达了省工委对李方英的指示精神：你的家乡

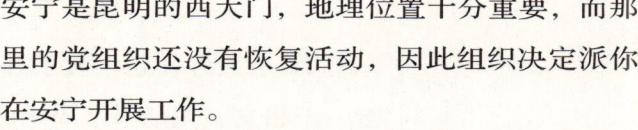

❶义八暴动（油画）

❷1945 年指导安宁地下党工作的李明（右）和李方英（左）合影（1978 年摄）

安宁是昆明的西大门，地理位置十分重要，而那里的党组织还没有恢复活动，因此组织决定派你在安宁开展工作。

根据党的指示，李方英、李明第一时间回到安宁。1946 年初，在乡民代表会议上，由乡民代表会主席张元洪推荐李方英担任青龙中心小学校长，并接替张元洪的乡民代表会主席职务。紧接着由李方英主持乡民代表会议，选举张元洪接替李耀溪任青龙乡乡长。

李方英任青龙中心小学校长后，即通过乡民代表会做出决定，增筹经费，增聘教师，增办初中预备班（因县教育科不同意，改称为民众教育班）。民众教育班招收高小毕业后家庭贫困无力升学的年龄较大的学生，除青龙乡的李俊荣、李志杰、李凤书（李渡）、杨永春、吴文光、李耀

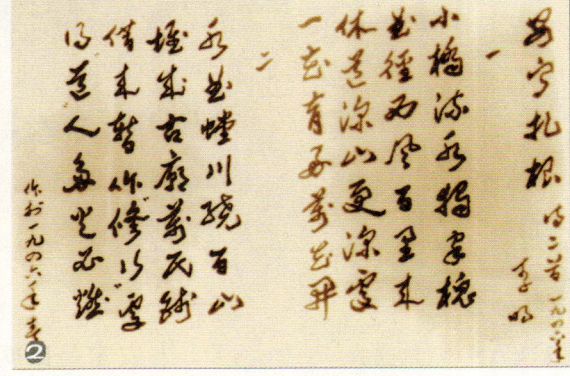

东等 20 余人外，还招收了邻县罗次县昆石乡的石祖培、石楚宝、王祖文、晁炳科、周永庆、朱明歧等 6 人。李方英重点抓这个班的学习、教育，除正常的国文、数学、物理、化学、英语等文化课程外，还对学生进行社会发展史、阶级和阶级斗争、抗战胜利后的形势等革命基础知识和形势教育，学习毛泽东与蒋介石重庆谈判的双十协定、重庆政治协商会议五项决议，教唱《在太行山上》《黄河大合唱》《游击队之歌》以及李方英谱写的《铁牛王老大》《青龙中心小学校校歌》等歌曲。这批学生以后大多数参加革命，加入了中国共产党，担任了各级领导职务。

1946 年 7 月，李方英发展 1939 年曾经入过党的李韫松、李茂枝重新入党，成立青龙党小组，李方英任组长，在打金甸、双湄、大李百户村、罗鸣邑等村组织了"农会""弟兄会"等群众组织，发动群众，提高觉悟，锻炼意志。

❶中共安宁县青龙党小组旧址：青龙寺

❷《安宁扎根》诗二首

中共安宁县特别支部建立

1947年12月，安宁县教育局局长赵楚珩当选为安宁县参议会议长，李耀溪也选为副议长。按照国民党法令规定，参议会议员不能兼任行政职务，要挑选一位新的教育局局长。赵楚珩、李耀溪和议员李安仁一起商量人选，认为青龙中心小学任校长的李方英是个合适的人选，于是推荐李方英并获得县参议会通过，国民党安宁县政府任命李方英为县教育局局长。省工委趁此决定，建立中共安宁县特别支部，代行县工委职权，李方英任特别支部书记。

1948年3月，李方英正式到职，县教育局6人和中学教员8人在一起吃住，只为就地方便开展工作。李方英也在教育局吃住并兼任中学的部分课程，与中学教职员交朋友，了解教职员学生的思想动态。与此同时，李方英同李步云在西华地区发展安丰营的张元吉、海湾的杨兆学、禄腆街的张尔昌加入了党的外围组织"民主青年同盟"（简称"民青"）。4月，李方英发展安宁中学教师武西杰、县教育局督学徐陈昭加入"民青"。安宁中学教师时瑞珍（"民青"成员）发展十班学生李志杰、李俊荣、杨永春、李云芬加入"民青"，组成一个小组，李志杰任组长。李志杰、李俊荣7月发展国民党安宁县常备队的李绍文，10月发展安宁中学十班学生李凤书（李渡）加入"民青"。

1948年9月，安宁特支做了加快"民青"发展的部署，为迷惑国民党，根据"民青"章程，草拟了《安宁新民主主义青年联盟章程》，报经省工委批准，将"民主青年同盟"改为"安宁新民主主义青年联盟"（简称"安青"），与"民青"同一性质。为便于统一领导，安宁的"民青"成员即转为"安青"成员。"民青"改为"安青"之后，又发展了数人。至年末，"安青"成员发展到28人，1949年9月底发展到230多人，1950年初达到400多人。

发展"民青""安青"以外，中共安宁县特别支部建立后，采取积极慎重的方针发展党员，到1949年9月底，全县共有共产党员43人，

组织文艺宣传队深
入农村巡回宣传解
放战争的大好形势
（1948 年 8 月）

分别建立了 5 个临时党支部。

　　1948 年 7 月，中共安宁特支召集城区党小组会议，分析解放战争的形势，研究安宁的工作，认为安宁自 1946 年重建党组织以来，虽然在安宁中学、青龙地区发展了一批党员、"民青"成员，开展了一些工作，但工作仅限于几个点上，县大部分地区还处于空白。为配合全国的解放战争，必须培养革命骨干，加快组织发展，打开斗争局面，发动游击战争。

　　1948 年末，中共安宁特支分析了工作基础和主客观条件，认为在小学教员、中学师生和少部分农村中先后发展了一批党员、"安青"成员，培养了一批积极分子；对社会上层开展了一些工作和斗争，争取团结了一批中、上层人士，党组织已扎下了一定根基，全面开展农村工作已具备了一定的条件，应不失时机，因势利导地开展农民运动。

　　1949 年夏，"农民自治会""农民翻身会""妇女会"等各种群众组织在青龙、义兴、八街、西华等地普遍建立起来，农民群众运动蓬蓬勃勃地向纵深发展。全县87个村建立了"农民自治会""农民翻身会"（含罗次县昆石乡和禄丰县狮岭乡17个村），会员1000多人。

1949年4月，国民党乡（镇）、保政权全面改选，中共安宁特支根据中共滇桂边工委"在游击活动区采取'两面政权'，掩护党的工作开展"和省工委对安宁工作"打入上层深入下层，积极发展组织开展合法的与非法的斗争"的指示，研究分析了安宁的革命斗争形势，认为应当抓住有利时机，在群众工作基础较好的地区，派中共党员和"安青"成员参加国民党县政府乡镇保长的竞选，打入国民党的基层政权维护开展革命活动，掌握武装，开展武装斗争，为迎接解放做准备。

积极配合解放军进军大西南

1949年4月21日，毛泽东和朱德发出了《向全国进军的命令》，人民解放军向尚未解放的广大地区展开了规模空前的全面大进军。云南党组织的工作和武装斗争进入配合野战军作战，实现中央关于解放西南地区战略思想的阶段。

6月上旬，中共滇北地委委员、中国人民解放军滇桂黔边纵队

向全国进军的命令

独立第二团政委王元昌到安宁，向特支领导传达省工委关于加强民兵武装
建设，积极准备开展武装斗争，打击负隅顽抗之敌，迎接中国人民解放军
入境的精神。同时省工委也告诫"时机不成熟时，也不要过早公开拉起武
装搞武装斗争，以免过早暴露对我们不利"。安宁特支召开会议，部署了
开展武装斗争，筹措武器弹药粮秣等相关细节。

中国人民解放军进军大西南，势如破竹，云南各地游击武装也风起云
涌。大势已去的蒋介石，想起了云南的红土高原和横断山脉，他想借此为
基地和中国人民解放军殊死一搏，于是向云南省政府主席卢汉施加压力。

卢汉不得不屈从于蒋介石的压力，派出重兵驻昆明邻近各县防守，昆
阳、安宁、呈贡都驻扎了保安团，滇缅公路沿线则由滇西护路队巡守，易
门、禄丰、罗次、武定、富民等县也驻了重兵。卢汉把八个联防大队裁
撤为六个防区，安宁和易门为第六联防区，设置安（宁）易（门）联防大
队，下设两个中队，近300人，将各县县长更换为高级军官。卢汉对紧邻
昆明西壁的安宁尤其不放心，视之为心腹之患，于是更换了他认为无能的
县长和县党部书记长，以原任麻栗坡少将督办汪佩青接替安宁县县长兼任
安（宁）易（门）联防大队总指挥、安宁县常备总队总队长，又调保山的
丁蔚然任国民党安宁县党部书记长。

进军大西南

义八人民自救军起义宣言

我们是一群受尽了压迫和剥削的贫苦农民，八年抗战我们流血流汗为的是打倒了日本鬼子大家过太平日子……

（手写影印件，部分文字不清）

左侧号召：

人民打倒美国帝国主义争取民族独立！

……

6. 停止征兵征粮，取消苛捐杂税！

8. 大会义八乡镇的人民团结起来，组织起来！

义八人民自救军起义宣言（影印件）

义八武装暴动

1949 年 9 月，黎明前的黑暗。昆明发生了"九九整肃"事件，国民党在昆明大肆抓捕进步师生，各地也同时进行镇压革命运动。此时，上任不久的国民党安宁县县长汪佩青，不仅不理睬县教育局和县参议会的抗议，反而扬言要抓捕已被监视的教师，还派出其侄子汪文彬到安宁中学充任军事教官，窥探中学的革命活动，并勒令安宁中学"停课整顿"，同时还布置各乡（镇）进行"清乡"，清查安宁地下党的工作人员和革命群众组织。

在安宁加紧镇压革命的紧急关头，中共义八临时支团政治部毅然于 13 日、14 日在大营村研究决定 19 日举行武装暴动，以武力反击敌人的镇压。9 月 18 日在大营村甸房召开紧急军事会议。会议由董骧主持，宣布党支部决定，成立"义八人民自救军"，将于 19 日凌晨举行武装暴动，摧毁义八乡（镇）公所。会议具体研究了军事行

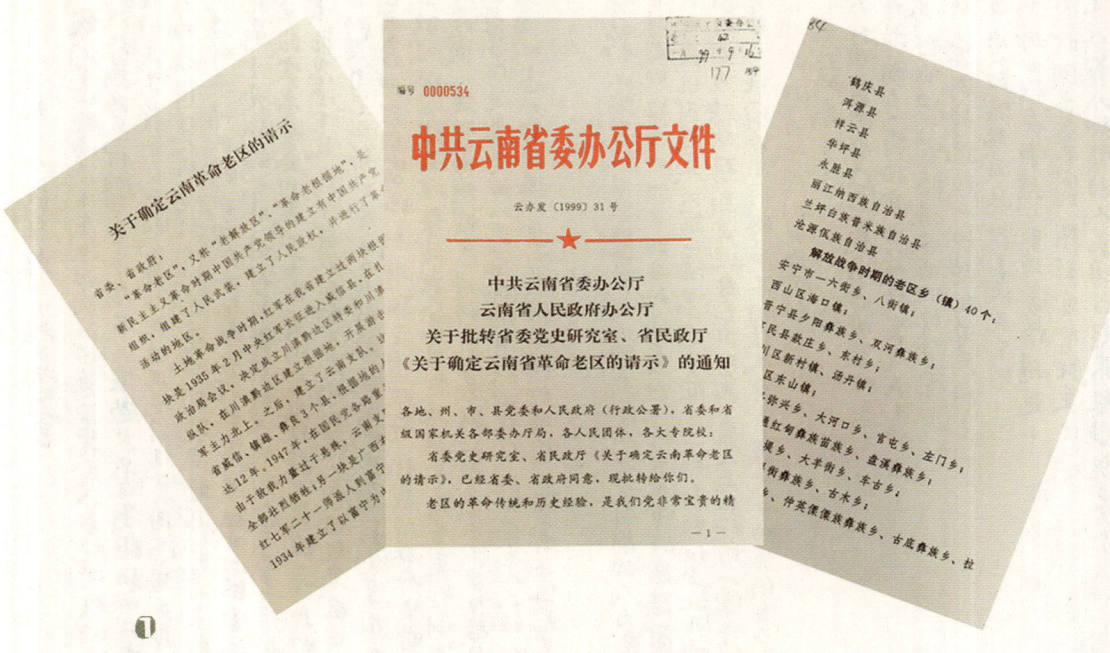

关于确定云南革命老区的请示

编号 0000534

中共云南省委办公厅文件

云办发〔1999〕31号

★

中共云南省委办公厅
云南省人民政府办公厅
关于批转省委党史研究室、省民政厅
《关于确定云南省革命老区的请示》的通知

各地、州、市、县党委和人民政府（行政公署），省委和省级国家机关各部委办厅局，各人民团体，各大专院校：

省委党史研究室、省民政厅《关于确定云南革命老区的请示》，已经省委、省政府同意，现批转给你们。

老区的革命传统和历史经验，是我们党非常宝贵的精

— 1 —

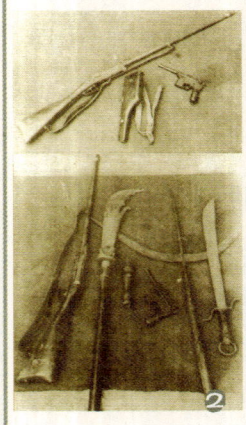

❶批准安宁市一六街乡、八街镇为解放战争时期的老区乡（镇）的文件

❷义八人民自救军的刀枪

动，自救军以5个片组成5个队，兵分两路向八街进发，凌晨4时在小陡山集中，5时到达杉庙总汇合，再分两路于拂晓前围攻八街城。约6时，各队按部署包围了八街城。武装暴动按计划进行，发起进攻时，在中共地下组织打入乡（镇）丁中队的"安青"成员接应下，首先打开北门，接着打开东门，迅速缴了西门的敌武装后，人民自救军留下部分战士把守城门，然后兵分三路攻进城内直扑文庙，捣毁了国民党义八乡（镇）公所，俘虏了20多个乡（镇）丁。

此次行动事先已联系好中国人民解放军滇桂黔边纵队（简称"边纵"），"边纵"的滇中独立团给予了大力支援，团政治部主任王庚受命率领100多人于18日星夜奔赴八街，19日早晨8时到达，与义八人民自救军会师后，由祝尚贤等4人带路，直奔月照屯，收缴官僚地主自卫队的枪支10多支。滇中独立团的有力支援，促进了义八人民武装暴动的胜利。

义八支部义八暴动的成功，让义兴乡、八街镇成为红色革命的乡镇，印下了中国革命的红色印记。根据民政部、财政部1979年6月24日界定革命老区的条件，即"有党的组织、党领导的人民武装和建立人民政权"，1999年8月11日，中共云南省委、省人民政府批准安宁市的一六街乡、八街镇（即1949年10月前的义兴乡、八

①安禄罗游击大队的女战士

②安禄罗游击大队战士（1950年1月）

街镇）为解放战争时期的老区乡（镇）。

成立安禄罗游击大队

革命的火种点燃了，安宁要迎来全国的解放。1949年9月19日中午，中共安宁特支接到中共义八支部义八暴动成功的报告，认识到形势的紧迫性，特支的指挥据点及安宁中学的党组织、"安青"组织已难于再隐蔽进行工作，必须立即转移。特支决定：安宁中学的党员、"安青"成员，除少数未暴露的留下观察国民党安宁县政府的动向和代管几位外来教师的行李外，其余分批转移到青龙乡和义八解放区待命。

10月8日，特支与义八党支部研究决定，立即将据点转移到地势较好的大龙洞村，并在那里召开特支扩大会议。经研究决定，在"义八人民自救军"基础上充实、加强、组建并正式宣布成立安禄罗游击大队，部署以癞乌包山为前沿阵地，设防抵抗敌军进攻，划分各队驻地防线位置等的具体事宜，为保卫义八解放区充实武装力量。

半个多月前的10月1日，毛泽东主席已经在北京天安门城楼上向全世界宣告中华人民共和国的成立，"中国人民从此站起来了"！举国上下都在热烈欢庆新中国的诞生。此时的云南省主席卢汉，正处于矛盾、彷徨和纠结之中，蒋介石企图顽踞西南边陲做垂死挣扎的安排，卢汉是一张重要的牌。在蒋介石的巨大压力之下，还没有决定起义的卢汉只能遵从蒋介石的命令，在云南大力"整肃"。听到安宁的情况，他命令保安十六团向安宁义八地区发动进攻。卢汉的保安团

10月8日黎明由昆阳城倾巢出动,一路鸣枪放炮,气势汹汹。午后,保安团来到八街东面的大龙潭村,将村子团团围住,集中火力射击,而后进攻。其实,村中的青壮年早已避入山林,老弱妇孺则紧闭门户躲藏家中。保安团进村后,并未讨到什么便宜,气急败坏,于是大肆搜捕,抢掠和砸毁了一些财物家具,最后总算搜捕到一个叫魏开发的农民,保安团傍晚将其带到八街镇,杀害于街头。

癫乌包山之战

保安十六团进占八街后,安禄罗游击大队于癫乌包山一线设防,严密封锁交通信息。游击大队与自救会密切配合,广泛深入发动群众。义兴乡村村寨寨的男女老少积极组织起来支援游击大队。民兵巡岗查哨,运送粮秣、柴草;妇女为游击大队战士打草鞋,缝补、浆洗衣物,挑水做饭;儿童在村头路口盘查行人;战士除值勤外,白天为群众砍柴、扫地、做农活、修桥补路,晚上和群众聚集在一起,围着火塘唱歌、跳舞,讲时事,学文化。军民融为一体,团结一心,一致对敌。安禄罗游击大队、义八地区人民群众与保安十六团进占八街后的斗争,前后坚持了20多天。

中共安宁特支布防妥当后,李方英10月12日到距大龙洞15千米的峨山甸中区找滇中独立团,请求再次支援,以协力击退进占八街之敌。但独立团团长董治安不在甸中,他与中共云南地下党负责人郑伯克到新平扬武一带去了。李方英即给郑伯克写了一封信,详细地报告了安宁的情况,请求派董治安的部队前往支援。

时值郑伯克正在新平县的扬武召开滇中、滇南、思(茅)普(洱)三区军事联席会议,部署怎样解决国民党围剿滇中游击根据地的相关事宜。接到李方英报告,遂决定在安宁与峨山解放区接壤之地派武装阻击敌军,减轻峨山的压力,争取时间击退其他来敌。会上,郑伯克指派驻思普地区的"边纵"九支队司令员余卫民、副政委赵文(袁用之)率该部四十一团一营及机炮连前往安宁,并要求滇中地委组织昆阳、峨山、易门三县邻近

地带的民兵、担架队等进行支援。

李方英 13 日返回义兴乡防地，筹备增援部队来后协同进攻敌军的各项事宜。保安十六团与游击队已对峙 20 余日，未敢轻易进击，而卢汉又急于想尽快扑灭义八地区以及滇中地区蓬勃兴起的革命武装活动，因而对进攻扫荡计划做了改变，重新做出部署。他命令保安十六团克日由八街出动向游击队防区进击，并令其直入峨山，扫荡滇中，同时令驻安宁县城的保安十五团到八街为保安十六团接防，为后续梯队相继推进。

保安十五团 11 月 3 日至八街接保安十六团阵地。4 日凌晨 3 时左右，余卫民率营连干部和警卫员到八街东面魏官山进行侦察，安禄罗游击大队派唐肇英、李均申一同前往，行至车木河时又叫来游击队员张凤翥、王佩廷同行，到兴街时天已大亮。侦察队员伪装隐蔽侦察，忽然，发现不远处有 3 个穿便衣的人在高处瞭望，看见有人即转身一溜烟跑了。不一会儿，兴街方向枪声大作，向侦察队员方向射来。余卫民下令边还击边撤退，返回驻地。警卫员一人受轻伤。5 日凌晨，保安十六团始向我防区倾巢进袭，也就在当日凌晨 2 时，余卫民仍带其一营营长田士（吴任）、警卫员李兴友，一、二、三连连长尹明、何鹏、李吉昌及游击队员 20 余人，由驻地出发前往敌军驻地继续侦察，6 时左右，在临近八街的贺家山与出笼的保安十六团遭遇。余卫民指挥所率人员边打边退，途中李兴友腿部负伤，包扎后继续后撤。游击队指挥部得讯，李方英和赵文立即率部进入阵地。8 时左右，余卫民率领的队伍也进入阵地，战斗随即全面展开。

"边纵"九支队和游击大队统一指挥作战，赵文带领一营主守癫乌包山主阵地。游击大队各队以一个队卡住癫乌包山左侧凹沟之南（小山神庙处）交通要口，另以一队承担癫乌包山右侧深沟防线，其余分别编入九支队各连队配合作战，李方英和余卫民在大营后山高地指挥。

癫乌包山东侧

战斗从 10 时开始，由于战前准备和战斗动员比较充分，战士、群众的战斗情绪高昂。战斗一开始，"边纵"并不主动出击，而是利用有着天然有利地形条件的癞乌包山进行防守。主阵地癞乌包山主山峰高耸，保安团进攻的北向是一面陡坡，坡中形成凹腰，坡端是峭壁；南方是连绵起伏的丛林山峦，游击队主阵地就布置在此后方；东向是密林深沟，西侧凹部即为南北交通要口，再往西就是略为突前高于癞乌包山的大营后山。依山就势，游击队的战略布局也十分合理，兵力部署呈掎角之势，可以相互呼应。

保安团进犯癞乌包山时，并未意识到对方的游击大队有主力部队参战，他们一直把这一带的游击队武装视为"土共"，想来对方几把铜炮枪、几门土炮，能成什么大事？保安团麻痹懈怠，沿大道摇摇晃晃，长驱直入。游击大队在挟道口布置了一个队把守，还在山神庙前安放了一门从寺庙里搬来的陈列品铸铁土炮。保安团接近时，为麻痹敌人，游击大队以土枪土炮相"接待"。土炮连发数响把炮身都震裂了。保安团见"土共"和土枪土炮作战，开始得意起来。"土共"无非占据山口险要，虽火力甚猛，把守森严，但打鸟的武器，说什么也不是自己的对手。

诱敌深入，当踌躇满志的保安团由七街子一窝蜂向癞乌包山高地上爬，妄图夺占主峰制高点时，早已严阵以待的主阵地游击大队，待其爬到山腰时，一声令下，机关枪、步枪、手榴弹、八二炮一齐开花，保安团被打得晕头转向，乱作一团，慌忙缩回山腰凹部。保安团指挥官四面张望，见别无出路，非向癞乌包山主峰强攻不可，于是硬着头皮，挥枪嘶喊着指挥保安团向山顶猛冲。保安团一次又一次组织向山顶的冲锋，都被游击队压了下去。保安团士兵一串串倒下山坡，被打死打伤 100 余人，冲击力一次比一次弱，最后再也没有向上冲的能力，只好停止攻击，缩回城去。这时已接近太阳落山，夕阳把癞乌包山战场染成一片彤红。

癞乌包山战斗重创敌军，粉碎了敌人进攻峨山解放区的计划，保卫了新生的义八人民政权和游击根据地。这次战斗中，"边纵"

① "边纵"四烈士墓斗
② 癫乌包山战

九支队四十一团一营警卫班长杨玉发，一连战士白存书、沙志忠，安禄罗游击大队野猫队战士马绍增英勇牺牲，另有 10 余人负伤。1950 年 1 月，在中共安宁县工委带领下，经过近半个月的紧张筹备，癫乌包山四烈士追悼会于 2 月 6 日在八街城外隆重举行。

这就是发生在安宁大地上著名的癫乌包山之战，一天的时间，不仅打击了国民党军队的嚣张气焰，更主要是粉碎了卢汉军队围攻峨山解放区的阴谋，保卫了义八地区刚刚建立起来的人民政权、游击区，保卫了昆阳内九区游击根据地。这是新中国建立前夕，安宁为新中国诞生献上的一个小小的却战略意义重大的战斗成果。

第五章 铭刻于安宁大地的红色记忆 ANNING

②

向着明亮的那方前进

卢汉的"九九整肃"后，全国和云南形势都在急剧地发生变化。

1949 年 10 月 1 日，毛泽东那雄浑的男中音在北京天安门城楼上响起，全世界都知道了，神州大地，一个新生的政权——中华人民共和国成立了！紧接着，中国人民解放军继续向着全国解放胜利进军。

安宁特支临时指挥中心成立

为了粉碎蒋介石集团企图以云南作为最后基地反攻的阴谋，顺利完成中共中央大迂回、大包围、大歼灭的战略计划，中国人民解放军第二野战军第四兵团在解放广州后，直逼贵州，11 月 15 日解放贵阳，12 月 4 日进而解放广西南宁。中国人民解放军野战军的神速行动，陷云南残敌于孤立和被包围的态势之中。一方面，"边纵"全力抗击着卢汉军队的围剿；另一方面，中共云南地下组织对此时的"云南王"卢汉展开了积极有效的统战工作。"山雨欲来风满楼"，彷徨当中的卢汉不得不做出最后的决定，他权衡利弊，最终当机立断决定发动云南起义，"归向人民民主阵营"。

国民党安宁县县长汪佩青接卢汉的"听候（中共）中央人民政府命令"各专、县起义命令后，感到身处困境，前（昆明）无出路，后（滇西）无退路，南（义八地区）北（青龙地区）被夹击，县城已处于中共安宁地下组织包围态势中，穷途末路，唯一办法只有跟随卢汉起义。他当即通知全县所属单位"执行卢主席指示，共同起义"，并要县联防队、政警队警察局、各乡（镇）工作人员严守岗位，维持社会治安。同时令当时的县警察局局长敲锣传令将卢汉起义的消息通告安宁全城百姓。

中共安宁特别支部于 12 月 10 日午后得知卢汉起义昆明和平解放的消息，随后又得知安宁县县长汪佩青响应卢汉起义的消息，就形势的急剧变化，特别支部做了应急研究，决定通知义八地区、可里朗地区的游击队向县城靠拢，以中国人民解放军滇桂黔边纵队游击队的名义出布告，张贴于县城主要街道及温泉，滇缅公路沿线村庄，宣传卢汉起义、昆明和平解放的消息，安定民心；责成各级旧政权机构，要维持汪佩青所定于 11 日晚召开的"庆祝卢汉主席起义"群众大会；要求旧政权机构工作人员要积极维护社会治安，保护公共财产，安于职守，听候人民政府接管。同时，由特支书记李方英和组织委员武西杰带领数十人武装到县城西南后山距离县城 1 千多米的原麟泉乡公所（今大屯村）设营，做特支的临时指挥中心。

卢汉率部起义，云南以及昆明得以和平解放。然而，卢汉由于轻信，起义后不仅放走了张群，把花言巧语保证到军中策反起义的驻滇蒋军第八军军长李弥、第二十六军军长余程万也释放了。这一下犹如放虎归山，狡猾的李、余二人出城后，立即率部通电拥蒋，蒋介石闻讯大喜，当即电令两军及所属驻滇残余部队协同进攻昆明。短短几日，情势突变，刚刚起义不久的昆明城又被驻滇蒋军团团围住，昆明形势一时又处于风雨飘摇之中。

整编队伍参加昆明保卫战

蒋介石认为云南保安部队战斗力薄弱，不堪一击，所以接到李弥、余程万拥蒋电报后，立即任命李弥为云南省主席，余程万为云南绥靖主任，借以号召云南的拥蒋势力进行顽抗。他还下令成立进攻昆明的军事指挥部，提升任命陆军总司令部参谋长汤尧为陆军副总司令，负责指挥进攻昆明。汤尧的指挥部设在曲靖，他以第八军为右翼攻击部队，第二十六军为左翼攻击部队，分两路向昆明进发。第八军以汽车运输西进，第二十六军由滇越铁路用火车兼程北进。同时蒋介石命令空军配合。

12月13日，中国人民解放军第二野战军刘伯承司令员和邓小平政治委员电告卢汉，陈赓、宋任穷两将军克日已率三个军兵力入滇。起义后成立的云南人民临时军政委员会接到上述电报后，立即发给有关部队单位认真切实配合云南解放。卢汉命令第九十三军（即暂编第十三军）在昆明集结，调运第七十四军（即暂编第十二军）东下。接命令后，暂编第十二军部队以急行军状态，到达楚雄、安宁之间，以便进出富民、晋宁进击敌后，以收夹攻敌军之效。

12月16日，李、余部主力到达昆明近郊集结。下午其搜索部队在昆明外围和卢汉警戒部队发生接触，拉开战斗序幕。17日凌晨，李、余部从东南两路敌军向昆明发起试探性攻击，在大板桥、跑马山、小板桥一线发生激烈战斗。第八军的一部迂回至黑龙潭、金殿一带，侧击昆明守备部队。入夜，敌军派遣小部队四处进行扰乱，有次日拂晓发动总攻的模样。

中共安宁特支与滇北地委无法联系上，只得由武西杰代表特支

1949 年 12 月 21 日，安禄罗游击大队受命整编后徒步到富民待命参加昆明保卫战

到昆明直接向省工委汇报请示，省工委书记郑伯克于 12 月 17 日指定赖卫民向武西杰转达省工委的指示：鉴于敌军已由东、南两面进袭，昆明已受包围，正组织保卫，令滇北地委委员王（元昌）、武（西杰）即回安宁，与李方英一同去旧县政府找汪佩青，先将县常备队、政警队等武装部队接收过来，与安禄罗游击大队合编在一起，由李方英带领经富民进至昆明北郊，参加昆明保卫战。

王元昌、武西杰当日乘马车赶回安宁，傍晚到达麟泉乡特支驻地找到特支书记李方英，传达了省工委的指示，并研究决定，次日凌晨即进城找汪佩青交涉接收整编武装事宜。研究中还决定，为防止接管武装时发生变故和不测，王元昌、李方英等进城后先到县参议会找议长赵楚珩、副议长李耀溪等打个招呼，说明进城的任务，以取得他们的支持。

12月18日上午10时左右，王元昌、李方英、武西杰、李秉忠（原青龙乡自卫中队长，做警卫人员）四人到了县参议会，赵楚珩、李耀溪都不在，参议会秘书张士元迅速派人去找，王、李、武等人在参议会会议室等候。未承想，由于昆明形势发生变化，汪佩青派武装人员荷枪实弹，扣押了四人。汪佩青还到场审讯，被四人当场驳斥，对他在这样的时候还扣押共产党人的行为做了义正词严的警告。

当日，蒋介石派国民党军飞机轰炸昆明，滇军起义将领陇耀的副官刘锷随同陇耀夫人到安宁汪佩青处躲避空袭。他们走进县政府大门时，看到了被扣押的李方英、李秉忠戴有鲜红五角星的游击队员帽子，马上明白汪佩青抓捕了共产党人。于是，刘锷等人告诉汪佩青："卢汉业已起义，现在的李弥、余程万的军事抵抗只能是徒劳，所以你不能蛮干，否则将造成严重后果。"权衡了一番，汪佩青才释放了李方英等人。

李方英等人被释放后研究决定，王元昌回滇北地委调集几支游击队奔赴昆明北郊参加昆明保卫战，李方英、武西杰先将分散于各地的游击队共400余人集中到青龙乡的双湄村进行整编，由李方英率领前去富民待命参战。

19日凌晨，李、余第八军、第二十六军东南两路全线发起总攻。这一天，由晨到晚，昆明城外枪炮声不绝。夜间9时左右，李、余军又猛烈进攻并组成了敢死队，企图利用黑夜突入城内。他们集中了兵力和火力，企图摧毁几个城防工事，打开突破口。由于卢汉起义部队与中共云南地下党精诚合作，由工人、学生组织的义勇自卫队支持，四处巡察，卢汉派龙泽汇、佴晓清、许义浚分别到各阵地督战。东线的第八军部队，迂回到铁峰庵、涌泉寺一带，被卢汉军张秉昌师英勇阻击。

12月20日，义八地区在八街成立安宁县第一区临时人民政府，主席唐肇英，副主席曾寿、杨继尧。21日，安禄罗游击大队集中到青龙乡的双湄村整编为滇桂黔边纵队滇北区护乡团一营，营长李方英，副营长田广，教导员马刚（后为李新才），副教导员李新才、蔡华。下设3个连，一连连长马仲书，指导员张正标；二连连长李顺和，指导员张建强；三连连长陈家骥，副连长张尔昌，指导员王中柱。部队整编后到富民待命。

20日夜间，卢汉接到刘、邓两将军重庆来电，谓贵阳杨勇兵团已派部队星夜兼程，驰援昆明，希与密切配合，共同歼敌。中国人民解放军第五兵团杨勇司令员也来电告知，入滇支援部队即日可到达曲靖，逼近昆明。卢汉接电报后，立即通知各守备部队，士气大为振奋。《正义报》也出版号外到城外散发。得知解放军即将到达，第二十六军于21日拂晓撤退，第八军见第二十六军撤走，也纷纷撤退。

12月23日，为期一周的昆明保卫战胜利结束。听到昆明保卫战胜利的消息，中共安宁地下党组织的激动心情可想而知。

12月26日，滇北护乡团一营配合中共富民县党组织收缴了国民党富民县政警队60余人的武器。27日晚，杨桂星由寻甸到富民找到李方英告之，解放军已入滇境，省、市党委正组织城市工人、学生、各界人士，配合卢汉起义部队，奋起保卫昆明。滇东、滇南、滇北各地"边纵"部队，也纷纷从敌后进逼打击敌人，形成规模较大的昆明保卫战态势。敌军被四面夹击，孤立无援，向滇南外逃。南下解放军与"边纵"部围追歼灭，昆明保卫战取得胜利。

昆明解放了！云南解放了！

　　1950 年元旦刚过，中国人民解放军滇桂黔边区纵队在副司令员朱家璧率领下进驻昆明。昆明人张灯结彩，鸣放爆竹，打着红旗，在昆明西站外欢迎云南人民的子弟兵。当晚，卢汉在五华山礼堂举行欢迎大会。会上"边纵"的领导勉励起义部队官兵为建设新云南而继续奋斗。卢汉对参加起义的人员说："为了靠拢人民，靠拢共产党，我忍辱负重，委曲求全，冒了多少危险！今天总算把你们领上光荣起义的道路。希望你们认清革命道理，接受革命思想，永远跟着共产党，努力为人民事业贡献力量！"

　　1950 年 2 月中旬，陈赓、宋任穷两将军率领中国人民解放军入滇。2 月 20 日，解放大军举行庄严的入城式，昆明各界人民团体联合会、各人民团体、各机关、各学校、起义部队及各族人民30 万人组成长达 10 余里的夹道，欢迎解放大军。一时鞭炮齐鸣，

解放大军进入昆明

安宁县人民政府成立时的《施政报告》

锣鼓喧天，掌声雷动，"欢迎解放大军！""毛主席万岁！"等口号声，声震云霄。昆明解放了！云南解放了！

22日下午，昆明市各族各界人民10余万人又在昆明拓东运动场举行欢迎大会。工农群众、少数民族同胞及各机关、学校团体纷纷献旗、献礼。卢汉致辞，表示决心在中国共产党领导下，坚决实行中央人民政府一切法令及共同纲领，全省各族各界人民团结起来，为建设新民主主义的云南而努力奋斗。陈赓也在持久的欢呼声中向全市人民致辞，他说："现在云南全境公开的敌人武装已经歼灭，和平建设时期已经到来，云南目前主要任务是，建立革命秩序，恢复和发展生产，开展文化教育工作，为建设新云南、新中国而奋斗。"

安宁县人民政府成立

1949 年 12 月 27 日，中共滇北地委经请示边区党委批准，中共安宁县工委仍由武西杰、李方英、徐陈昭 3 人组成，武西杰任书记，委员李方英、徐陈昭；李方英改任安宁县临时人民政府县长。李方英迅速返回（从富民）安宁接管旧政府，接管后要迅速将县、区临时人民政府建立起来，同时清理建立乡村人民政府组织。

1950 年 4 月中旬，云南人民政府委任李方英为安宁人民政府县长。4 月 20 日至 23 日，安宁县召开第一届各族各界人民代表会议，宣告安宁县人民政府成立。会上，县人民政府县长李方英做《施政报告》。

向着明亮的那方前进！三迤大地云南与昆明的历史翻开了新篇章，安宁的历史也翻开了新篇章，镶嵌在安宁大地上的红色记忆永远鲜明而醒目，成为安宁大地一种独特而自豪的革命记忆。

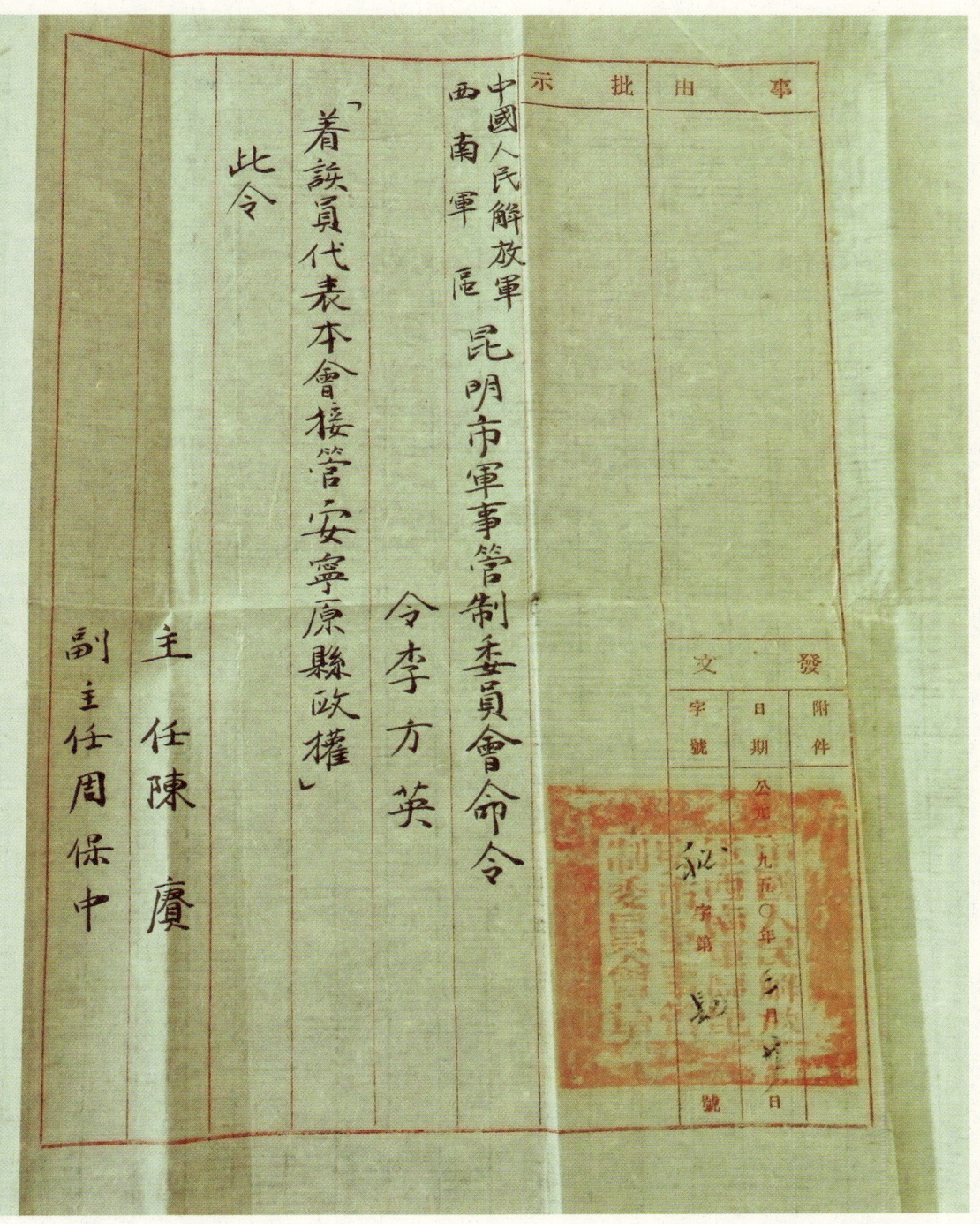

事 由 批 示

中國人民解放軍
西南軍區 昆明市軍事管制委員會命令

令李方英

「著該員代表本會接管安寧原縣政權」

此令

主任 陳賡

副主任 周保中

發 文

字 號

日 期 公元一九五〇年 月 日

附 件

秘字第 號

中国人民解放军、西南军区、昆明市
军事管制委员会命令李方英接管安宁
县政权

第六章

香远益清：绚丽绽放的文明花朵

安宁，一个让人听了用昆明话讲很"板扎"（板正儿）的名字。过上安宁的日子、享受安宁的生活想必是我们每一个人的美好追求。一说"安宁"这个词，实在是岁月静好的感觉。通过不断的努力和建设，千年"盐铁名城"安宁，2017年又获殊荣，被评为"全国文明城市""全国未成年人思想道德建设工作先进城市（区）"，一时间，名头响亮，四方闻名。

文明是人类进步的象征。我国是世界四大文明古国之一，也是人类的重要发祥地之一，古人类生活的重要家园，当然也就是中国古文明的传承地。安宁的文明正如同人类文明发展进步一样，经历了从猿人到古人，再从古人到新人类的发展进步过程。如今的安宁，古文明又增添新文明，一朵朵绚烂文明之花在螳川大地上争相绽放。

工业文明　宝地生辉

"盐铁名城"安宁，一座因工而兴、因工而强的工业城市，其工业文明之花璀璨夺目，举世瞩目。安宁工业园区的建立，让安宁工业如虎添翼，持续发展，繁荣发达，宝地生辉。

　　安宁的发展史就仿佛人类文明发展的浓缩史，文明的道路源远流长。据史料记载，安宁远在汉武帝元封二年（前109年），西汉王朝在此置连然县，属益州郡，并设有盐官。东汉、蜀汉、西晋时期，因益州郡被分为建宁郡和永昌郡，连然县隶属建宁郡。唐武德四年（621年），称安宁县。元至元十二年（1275年），称安宁州，领禄丰、罗次二县，隶属中庆路。民国二年（1913年），复称安宁县，属滇中道所辖。1950年4月20日，安宁县人民政府成立。1956年10月，改安宁县为昆明市安宁区。1959年9月，复称安宁县。1995年10月13日，经国务院批准，撤销安宁县，设立县级安宁市，安宁市由云南省直辖，昆明市代管。2015年9月7日划入云南滇中新区。而云南滇中新区是由国务院批准正式成立的全国第15个国家级新区，目标是成为我国面向南亚东南亚辐射中心的重要支点、云南经济建设的重要经济增长极、西部地区新型城镇化建设综合试验区和改革创新先行区，新区规划建设上升为国家发展战略，安宁从此迈入建设发展新境界。

1995 年安宁撤县设市

安宁地处昆明西大门，介于东经 102° 8' ~ 102° 37' 和北纬 24° 31' ~ 25° 6' 之间。南北长约 66.5 千米，东西宽约 46.4 千米，总面积 1301 平方千米，东面和东北面与西山区接壤，西面和西北面与禄丰县交界，南面和东南面与晋宁区相连，西南面与易门县毗邻。安宁境内河流分属两大水系，即金沙江水系（包含有：螳螂川、鸣矣河又称八街河、双河、马料河、县街河、沙河、九龙河、禄脿河、螃蟹河）和红河水系（主要是九渡河）。金沙江水系的流域总面积为 1206 平方千米，红河水系流域面积为 115 平方千米。

安宁市地理位置优越，位于滇中高原的东部边缘，距昆明 32 千米，是昆明通往滇西 8 个州市，并经畹町直接与缅甸相连的交通重镇。安宁地区平均海拔 1800 米，现辖 9 街道办事处，有 63 个村民委员会，38 个社区居民委员会，常住人口 38.9 万人（2019 年）。安宁市世居民族在千人以上的有汉族、彝族、白族、苗族、回族等五个民族。少数民族人口占安宁市户籍总人口的 12.99%。

安宁在历史上被誉为"螳川宝地，连然金方"，的确名不虚传。安宁的地理优越、交通发达，历史上就是滇池地区通往滇西洱海地区的重要通道和枢纽，至今古驿道仍有迹可循，从黑林铺开始，马街、鸡街、读书铺、连然、草铺、青龙哨、禄脿到老鸦关，道路依稀，石桥犹在……这些都是文明的印迹。近 100 年来，特别是经过半个多世纪的建设，现在安宁已步入了现代文明——公路、铁路已是纵横交错，320 国道直通缅甸，昆安、安楚高速，成昆铁路、昆广铁路复线等穿境而过，安晋高速正式开通，柏油路直达各行政村，安宁人的生活也因此发生了翻天覆地的改变。

"盐铁名城"安宁，一座因工而兴、因工而强的工业城市，其工业文明之花璀璨夺目，举世瞩目。安宁工业基础雄厚，昆明钢铁集团公司、云天化集团天安化工有限公司、云南马龙产业集团安宁分公司、云天化国际富瑞分公司、云南华电昆明发电有限公司等众多国有大中型企业云集。安宁工业始终以"主导产业集群化、传统产业数字化、新兴产业规模化、产业发展园区化"为方向，毫不动摇地支持工业做大做强做优，高质量发展，不断筑牢工业基础大根基，不断使安宁的工业华丽蝶变，实现跨越发展。

2004 年，《云南省新型工业化重点产业发展规划》明确规划建设安宁工业园区为云南省 30 个重点发展的产业园区；2005 年 7 月，安宁工业园区首轮总体规划和可行性研究报告通过省经委专家组评审；2006年，园区被列入全省10个重点产业循环经济试点园区；2007年，原属安宁工业园区的太平片区发展定位为奥林匹克体育小镇。武钢集团与昆明钢铁股份有限公司成功完成战略重组，并决定在安宁工业园区草铺片区建设钢铁园，安宁工业园区产业结构及各片区功能定位发生重大变化，园区管理委员会迅速组织开展对园区总体规划的调整修编工作——由草铺片区、安晋线片区、武家庄片区、职教基地"三片一基地"构成，规划控制面积82.45平方千米，重点发展钢铁、机电装备制造、高浓度磷复肥、精细磷盐化工、新型建材、工业物流业和高新技术产业。其中草铺片区重点培育钢铁、磷

2011年中央电视台音乐频道为密马龙苗族合唱团录制专题节目

化工、新型建材、电力产业；安晋线片区以现状的昆钢组团、盐化工组团为主，整合现状的昆钢企业及上下游产业，淘汰落后的生产工艺和档次较低的产业门类，提高产品技术含量和附加值，并以此为依托发展钢铁延伸加工业和机电产品制造业，同时发展盐化工产业；武家庄片区重点发展高新科技、现代生产性服务业和商贸物流业，未来将发展成为以高新技术产业为导向、以商贸物流业为主体、商住产高度融合的现代化综合性产业片区；职教基地引进在云南省内具有一定办学实力的高等职业院校进驻，同时在该片区布局适量轻加工及高新技术产业，把该片区打造成为省内流、集产、学、研于一体的高等职业教育基地和公共实训基地。2008 年 7 月，为实现产业进一步聚集，工业开发"园区化"，正式成立安宁工业园区管理委员会，为园区实体化运作筑构良好的运行基础。安宁工业园区是安宁市工业经济承载平台，是安宁市传统产业聚集区及新增产业拓展区，云南省重要的现代化综合工业园区，昆明市的重工业基地和物流中心，同时也是中国西南地区的磷盐化工基地和钢铁基地。从成立的那天起，工业园区的开拓者们秉持团结、严谨、开拓、创新发展理念，全力促进工业园区突破和发展。

为把安宁工业园区建成面向中国西南地区乃至东南亚、南亚的钢铁基地和重要的磷盐化工基地、多业并举的现代化综合工业园区和昆明市重要工业基地与物流中心，园区管委会以突破园区基础设施建设瓶颈，改善园区投资环境，实现园区大发展、工业大突破为目标，重点围绕草铺片区钢铁园建设全力服务，同时抓好园区范围内土地收储及工业园区武家庄片区路网、"五通一平"基础设施配套工作；此外，进一步加紧拉法基石膏板生产项目、骨料和混凝土生产等项目协调服务工作。园区管委会还以发展配套产业、延伸产业链为重点，以工业园区为平台，加快产业优化升级，大力发展循环经济，推动新型工业化项目落地上马。园区的循环经济发展规划、生态化建设规划、法国拉法基集团投资项目的推进工作进展顺利，园区以此类项目的引进、推进为重点，全力促进安宁市钢渣、

脱硫石膏、粉煤灰、磷石膏等可再生资源的高效开发利用，促进循环经济快速发展。

经过 10 多年的探索发展，安宁工业园区已成功引进中石油云南 1300 万吨 / 年炼油项目、武钢集团草铺 390 万吨钢铁项目及云天化石化项目等一批百亿元以上项目，构成了以石油化工、钢铁及装备制造、磷化工三大产业为主导的产业格局，形成了粗具雏形的化工循环产业园、新材料产业园、装备制造（装配式建筑）产业园。园区经济总量连续多年位居全省重点工业园区前列，被省委、省政府列为重点打造的"千亿元工业园区"和"国家级产业园区"。2019 年 12 月，安宁工业园区管委会被中国石油和化学工业联合会授予"2019 中国化工园区管理者改革创新贡献奖"。安宁工业文明的快速发展，成就了安宁经济社会的持续进步。

现代化的安宁工业园区

文化遗产　代代传承

文化是民族的血脉、灵魂。安宁的公共文化建设日益完善，博物馆、图书馆以及文物保护有口皆碑。安宁镰甲舞、"安宁小调"、苗族阿作芦笙音乐等非物质文化遗产，代代传承，繁荣发展。

　　如果说安宁以盐铁等为主的工业是引领安宁经济发展、促进安宁经济发展的核心动力，那么文化则是帮助安宁经济社会腾飞的羽翼。唯有实现经济与文化协调发展，方能实现一个地方的经济腾飞和社会发展，安宁亦是如此。安宁在注重发展经济的同时，也同样注重文化的繁荣发展。

　　文化是民族的血脉，也是反映一个地方繁荣稳定的象征。它是精神纽带，是民族灵魂。如今，安宁的公共文化建设日益完善，博物馆、图书馆以及文物保护有口皆碑，历史文化积淀丰厚，而非物质文化遗产保护也亮点频出。由于特殊的地理位置与人口结构，在这里形成了独特的民风民俗，积淀了厚重的非物质文化遗产，如镰甲舞、"安宁小调"、苗族阿作芦笙音乐等，全市共有非物质文化遗产保护名录9类17项，代表性传承人15人。非物质文化遗产的传承与发展，激活了文物与考古，历史与现实在当下的时空中完美地遇合。

　　镰甲舞是安宁非遗文化的重要内容之一，是彝族舞蹈中一朵灿烂夺目的民族艺术奇葩，是来自悠远《山海经》图腾中的奇异

安宁非遗——镰甲舞

舞蹈，至今还活生生地存在于安宁一六乡磨南德村人生活中：一群手持古代冷兵器的武士冲将出来，杀声震天，刀叉剑戟斧棍锤鞭，十八般看家武艺纷纷出招，如同一场邪与恶的战斗。山民们用自己的肢体语言讲述着那个让人充满无限想象的画面，力求去追溯对祖宗的理解和那些远去的记忆。用肢体语言表达着与大自然斗争的场面，也折射着民族道德建设中善良与邪恶的势不两立，斗争无止境的场景，表达着彝族人民的爱恨情仇和斗争精神。

在安宁的乡土文化中，安宁"八街小调"是安宁人在数百年的生产生活实践中，用以表达自己喜怒哀乐而逐步产生的民间歌舞调，它广泛流传于安宁八街及周边地区，故起名"八街调"，后经过在安宁地区广泛流传开来以后又称为"安宁小调"。"八街小调"是一支优美、欢快的山歌小调，其产生是彝族、汉族民间音乐文化相互交流的结果。"八街小调"演唱的内容有诉说自己苦难生活的，有送亲人上战场英勇杀敌的，

更多的则是男女青年之间表示爱慕，寻求知音，表达情意方面的。在生产劳动中，安宁小调自然形成四句一段，每次演唱均加一句"我的情郎哎尼歌"衬腔重复第四句而结束。演唱形式有男女对唱，可以一男一女唱，也可一群男青年对一群女青年赛唱，其中一至二人轮流唱给对方，其他人助阵壮胆而已，不必人人都唱。这样一来一往，反反复复，多的可唱到数十个回合不变调的首句，表现了他们的聪明才智和想象能力及比喻方法。在这个过程中，差不多的文学修辞手法都能用得上。有明喻，有暗喻，有对比，有排比，有形容，有夸张，有指代，有对偶等句式，但十分明了，通俗易懂。2017年，安宁市"八街小调"被列为云南省非物质文化遗产。

安宁苗族"阿作芦笙音乐（舞蹈）"属川滇方言，滇东北次方言的芦笙音乐，是滇东北次方言苗族保存最完整的一套芦笙音乐，也是全国苗族芦笙音乐中保存最完整的芦笙音乐之一。2005年，安宁市传统音乐阿作芦笙音乐被列为昆明市级非物质文化遗产保护名录。除此之外，还有安宁芦笙舞、安宁跳鼓、安宁扎染、安宁皮影、八街花灯、刻纸技艺、铁胆石砚台雕刻技艺等非物质文化遗产，形成了以独具特色和内容与形式完美统一的丰富文化资源。

安宁非遗——扎染

职教基地　承载未来

安宁职业教育基地是省市重点培育发展的职教基地之一。安宁职教基地始终秉承"依托城市、产业支撑、城校互动、资源共享"和"建校即建城"的规划理念，紧紧围绕"建设云南省级职教园区和公共实训基地"的建设目标，不断发展壮大，目前市域范围内共有职业院校 9 所，累计培育毕业生 13 万人以上，为助推云南经济发展提供人才保障和智力支持。

　　文化离不开教育。安宁不仅是云南省委、省人民政府重点打造的"千亿元工业园区"和"国家级产业园区"，也是省市重要的职教基地。安宁始终坚持把多元教育作为促进解决社会发展的根本大事来抓，注重普及基础教育，加强职业技术培训，全面提升广大人民的知识和技能。

　　安宁职业教育基地位于安宁中心城区西南部，距安宁主城 3.5 千米，规划区总面积为 15.58 平方千米，规划人口规模 12 万人。自 2009 年 3 月正式启动建设以来，秉承"依托城市、产业支撑、城校互动、资源共享"和"建校即建城"的规划理念，紧紧围绕"建设云南省级职教园区和公共实训基地"的建设目标，将园区作为安宁城市的拓展区来打造，不断完善功能布局，提升片区建设发展品质。经过 10 多年的开发，职教园区已粗具规模。目前市域范围内共有高职院校 10 所〔其中，职教园区范围内 6 所〕，园区内配套九年一贯制义务教育学校 1 所，分别是昆明冶金高等专科学校、云南工程职业学院、云南经济管理学院、云南理工职业学院、云南交通技师学院（云

南交通职业运输学院）、云南技师学院（云南工贸职业技术学院）、昆明工业职业技术学院、云南轻纺职业学院、安宁市职业高级中学和安宁实验石江学校。园区职业院校累计培育毕业生13万人，为助推云南经济发展提供人才保障和智力支持。

面向未来，安宁职教园区坚持高标准规划、高水平设计、高起点建设，推进园区规划与城市总体规划相协调，与县街街道融合发展、一体化发展，实现校与城、产和教、园区建设与文化旅游产业发展等多方面融合，进一步提高服务水平，帮助各职业院校解决实际困难，破解发展难题，推进各职业院校与安宁同频共振，在科技研发、人才引进、招商引资等方面做出贡献，全力打造安宁人才聚集洼地和创新创业高地，全面提升安宁软实力。

安宁职教园区

农业文明　美名传扬

农业文明是生态文明的重要组成部分，是构成现代文明的又一座"金山银山"。安宁农业虽然在全市国民经济中所占比重较小，但其生态效应和社会效应对安宁实施环境立市、工业强市、城市化推动却意义非凡。安宁种植的红梨、蓝莓、麒麟西瓜、樱桃、葡萄、桃子、李子等水果，安宁名菜、安宁名小吃等，闻名遐迩，美名传扬。

　　都市农业是二十世纪五六十年代由美国的一些经济学家首先提出来的一个概念，指的是地处都市及延伸地带紧密依托并服务于都市的农业形态。都市农业以生态绿色农业、观光休闲农业、市场创汇农业、高科技现代农业为标志，以高质、高效和可持续性发展相结合为特点。安宁农业虽然在全市国民经济中所占比重较小，但其生态效应和社会效应对安宁实施环境立市、工业强市、城市化推动三大战略具有十分重要的意义。

　　近年来，安宁市大力发展现代都市农业，培育和发展农业龙头企业、农业园区、都市农庄、标准化蔬菜生产基地以及低污染、规范化的规模养殖小区，着力形成了一批生态农业、设施农业、观光农业新亮点，努力打响"高效农业基地"品牌。安宁的农业龙头企业从无到有、从小到大，商品鸡、养猪业成为农民增收的重点，而具有地方特色的红梨、鲜销菜、脱水葱、浅水藕等产品在历届昆明国际农业博览会上受到青睐并走向国际市场，安宁也因此荣获"云南名高原特色农业示范县"称号。

①安宁红梨
②中国红梨之乡

农业文明是生态文明的重要组成部分，是构成现代文明的又一座"金山银山"。

中国红梨之乡

安宁不仅是温泉之乡，还是盛产水果的瓜果之乡。由于安宁属于亚热带高原温凉气候，特别适合各种水果种植，现种植有安宁红梨、蓝莓、麒麟西瓜、樱桃、葡萄、桃子、李子等水果，其中数安宁红梨最为出名。安宁红梨是安宁本地"火把梨"与日本"幸水梨"的杂交品种，其因果肉细嫩脆酥、汁水多、味酸甜适中、富含多种维生素、口感极佳，深受广大消费者的喜爱。目前，除在本地和全国各地销售外，还远销中国香港、澳门地区，并出口新西

① 2016 年，"安宁弯葱"地理标志商标新闻通报会

②安宁十大名吃评选活动

兰等国家。安宁红梨已是云南省水果重要品牌，2007 年还被中国果品流通协会授予"中国红梨之乡"称号。

安宁美食美名扬

俗话说：一方水土养一方人。一方地域，一方美食，一方文化。美食文化是农业文化引申出来的另一个重要组成部分。来到安宁，一定要品尝这里的特色美食。在安宁温泉螳螂川两岸，各色各味的饭店遍地都是，各种特色美食应有尽有。2018 年，在安宁市太平新城街道举办第三届美食节暨十大名菜、十大名小吃评选活动上，评出了安宁"十大名菜""十大名小吃"。安宁"十大名菜"为金霖鱼庄的喜多鲜、七里香食府的七里香飘鸡、温泉木羊缘的黄焖鸡、云厨的禅院青菊豆腐、安宁彭厨旗舰店的滇池八瑞、迎丰生态园的片皮鸡、永恒酒店的骨领风骚、云南人家的果味多 C 松鼠鱼、艾庄葡萄园的黄焖鳝鱼、老戴家厨房的大刀肉。安宁"十大名小吃"为：木羊缘摩登粑粑、读书铺烤鱼、玉婷卤面、康大妈泡萝卜、云厨玫瑰过桥米线、海景小吃八街手工凉卷粉、小鸿八街凉卷粉、头铁包心菜米线店经典鲜肉米线、杂粮王小酥饼、互惠豆花米线。

除了名菜名小吃，安宁还有不少本地农业土特产，如小菜园的安宁弯葱、打金甸荸荠、大屯黄萝卜、禄脿茶、八街咸菜、八街风味酱油、安宁太白松茸酒等，都是印有安宁标记的特色产品，不仅便宜实惠，而且美味，让人无穷回味，逢年过节时购买上一些安宁特产，馈赠亲朋也是上策之选。

农业文明，同样丰富着我们的现代生活，我们生活的每一天，都熏沐在农业文明的芬芳中。

综合实力　挺进百强

　　安宁是一座美丽之城、文化之城，更是经济发达的魅力之城。"十三五"时期，安宁市始终把创新作为第一生产力，抓实产业、项目两个关键，不断培育壮大新的发展动能，形成了一大批经济发展新支撑，实现了县域综合实力全省第一、西部前五、全国百强。

　　长期以来，安宁始终坚持以经济建设为中心，以精神文明建设为统领，坚定不移贯彻新发展理念，聚焦高质量发展，确立新目标定位。围绕新兴产业、乡村振兴、绿色发展、基础设施等重点努力践行绿色发展理念，加快文旅业态融合，积极做好温泉保护利用，以"奋力建设区域性国际中心城市西线经济走廊、滇中最美绿城、中国西部县域高质量发展标兵"为目标，坚持"工业立市、生态美市、人才强市、文化铸市、开放活市、教育兴市"，坚定信心，保持定力，锐意进取，开拓创新，市域经济实力节节攀升，走出了一条符合安宁市情的富民强市新路子。

　　2019年，安宁市地区生产总值完成575.14亿元，是1949年933万元的6164倍；人均GDP实现14.02万元，是1949年133元的1054倍；一般公共财政预算收入完成47.14亿元，是1950年5.6万元的84179倍；规模以上固定资产投资完成259.6亿元，是1954年824万元的3150倍。2019年，安宁市位列全国综合实力百强县市第72位、综合经济竞争力百强县市第51位，首次进入中国西部百强县市前十，居第9位。在全国县域经济百强、综合实力百强、营商环境百强榜中"年年晋位"，成为云南省最具活力的产业新城，中国西部最具潜力的综合实力强县（市）。

文明城市 春意永驻

文明城市是社会文明、社会和谐在城市的缩影，是城市物质文明、政治文明、精神文明的协调发展的集中表现。全国文明城市是含金量很高的城市品牌。对此，安宁市委、市政府坚持把创建全国文明城市作为一项顺民意、得民心的利民工程、实事工程来抓，让创建全国文明城市成果促进发展、惠及民生、增添活力、春意永驻。

文明是人类社会发展进步的象征，更是反映一个地方城市繁荣发展的标志。新中国成立以来，随着大工业的进入，大量非农人口进入安宁，安宁的工业文明给安宁的经济社会发展带来了挑战和考验。对此，安宁市委、市政府始终做到物质文明与精神文明双并重，在注重抓好城市建设、经济建设的基础上，也注重抓好精神文明建设，坚持两手抓两不误，着力构建起新时代精神文明新风尚新格局，不断提升市民的文明素质、城市文明程度、城市文化品位、群众生活质量，不断提高城市的文明影响力和人民的幸福指数。

安宁通过深度挖掘盐铁文化、温泉文化、工业文化以及农耕文化等特色文化。依托温泉这一核心资源，丰富旅游产品，以AAAAA级景区管理为标准，提升一体化管理水平，围绕温泉小镇的古韵碧水、青山静谧、珍泉玉汤，重现"天下第一汤"的梦幻仙境，建设"昆大丽"旅游中转地和省内周末自驾游首选地等，"文化铸市"理念深入人心。在安宁全市人民的齐心努力下，安宁文明之花结出硕果，安宁人民用智慧和力量先后取得一个又一个来之不易的荣誉，文明城市建设也取得了一个又一个丰硕成果。2011

❶安宁市 2017 年创建为全国文明城市

❷安宁市 2017 年创建为全国未成年人思想道德建设工作先进城市

年，获评为国家卫生城市。2017 年 11 月，获评全国文明城市，同时获评全国未成年人思想道德建设工作先进城市（区）。2018 年 10 月 8 日，安宁市入选"综合实力百强县"。2018 年 10 月，入选 2018 年度全国投资潜力百强县市。2018 年重新确认国家卫生城市（区）。2019 年 3 月，被水利部公布为第一批节水型社会建设达标县（区）。

安宁在 2017 年获评文明城市之后，全面重视和强化落实常态长效机制，要让文明城市创建常态化。2018 年到 2020 年，安宁顺利通过了全国文明城市年度测评，实现了由"创建文明城市"向"建设城市文明"的整体跃升——安宁大力推动的文明实践，完成了市级新时代文明实践中心和 7 个分中心、9 个实践所、99 个实践站及 498 个实践点的建设，在全国较早实现了四级阵地全域覆盖。到 2020 年，已开展各类文明实践活动突破 1 万余场次，服务群众突破 200 万人次。广泛及持续开展的"文明细胞"创建工作和志愿服务活动，全市注册志愿者达6.9万余人，志愿服务团体995个，开展志愿服务项目近2500个，人均志愿服务时长达43.96小时，"安宁志愿"品牌变得家喻户晓。

文明创建永远在路上。持续巩固和完善城市硬件设施，不断提升城市人居环境水平；做好城市人性化、精细化、规范化管理，实现城市管理全覆盖、无盲区；大力推进文明交通行动，深入开展专项治理，持续在执法监管部门和窗口服务行业开展服务质量提升行动，加强对从业人员的培训和管理，制定和完善行业规范、服务承诺、投诉机制、投诉流程等，全面提升服务质量；加大对爱国主义教育基地、历史遗迹和人文景观的打造和对历史人物的研究挖掘宣传，完善文化设施功能配置，抓好社区环境整治，规范社区服务，着力提升城市文化内涵和文化韵味；持续性开展好各类文明创建活动，推动市民文明素质不断提升；建立企业和从业人员的信用记录及社会征信系统，完善"红黑榜"定期发布制度；继续打造一批诚信街、诚信户，树立榜样形成正面导向；结合新时代文明实践中心（分中心、所、站、点）志愿服务阵地资源，挖掘和打造一批具有安宁特色的志愿服务品牌，进一步建立完善志愿服务制度、平台、活动、队伍、激励回馈等机制，定期开展志愿者培训，提升志愿服务水平……这些具体方略的提出，为文明城市提出新要求。为此，安宁的城市文明建设，将一如既往，不断进步，安宁市建设区域性国际中心城市西线经济走廊、滇中最美绿城、中国西部县域高质量发展标兵的目标和责任将动力永葆，活力常驻！

荣誉只能代表过去，未来需要努力创造。文化需要大力弘扬，文明需要持续传承。文明安宁，需要一代又一代，一棒接着一棒不断传承下去。"上下同欲者胜，风雨同舟者兴"，相信一代又一代安宁人上下齐心，顺势而为，未来的安宁，一定会让世人更加可期；文明的安宁之花，一定会更加绚丽绽放；发展的安宁，一定会创造出更加辉煌的未来。

后 记

三年多的努力，《文化昆明·安宁》终于完成了定稿。这部描绘昆明"滇中重地""全国文明城市"安宁、寄托着众人期望的新文本，经过了两次论证，精心修正，去粗取精，基本上能够描绘出这"螳川宝地，连然金方"的文化品质和文化地位。

安宁是彩云之南的千年盐都、冶金重地，也是昆明通向滇西的交通锁钥、夷方通道。千载的岁月走过，留下了无数的历史遗韵，文化芬芳——这些都是我们要采撷和奉上的。经过多次勘踏、思考和采录，本书的第一个写作方案出炉，经过与文史专家、地方志学者以及作家们的探讨和论证，我们在第一个方案的基础上，修改出了第二个写作方案并经同意开始进行写作。

本书重点描绘安宁两千多年来盐铁文化和温泉文化"两足尊"的分量，这也是源远流长、深刻厚重的安宁文化中的重中之重。盐铁文化，自从西汉桓宽记录桑弘羊与贤良文学的《盐铁论》问世，几乎成了国家国有经济与自由经济交相发展的代名词。20世纪50年代，郭沫若先生深入研究、注释出版了《盐铁论读本》。古代经济发展对当代的启示成为社会热点，"盐铁"之名已经与民本、民生等这样一些概念紧密相连，人人关注。安宁是昆明、滇中甚至云南的千年盐都、现代盐城，也是钢铁生产以及有色金属、矿业发展的重地，是一个"盐铁"发展的最好样本，名副其实的现代"盐铁"之城，盐铁文化就应该是它最重要的文化品牌之一，本书对此展开了描述和定位。

"天下第一汤"早就是安宁闻名遐迩的文化名片，特别是经"一代文宗"杨升庵的题名和"一代游圣"徐霞客的论证，安宁的温泉文化无疑是另外一个亮丽无比的文化品牌。围绕温泉镇（古称石淙），螳螂川、曹溪寺、摩崖石刻群、珍珠泉、云南佛学院以及杨一清、杨升庵、徐霞客等等文化胜迹和文化名流又纷纷展现于我们面前，荟萃成金色螳川和温暖石淙的文化景象与传奇，令人停伫而长思，令人沉湎而抒怀，文化之奇魅，能出此乎？

文化之安宁，当然还远不止此，这只是两根光芒四射的文化光柱。在文化光柱的引领下，太极山汉墓、武则天时期的一代"文、书、史"三绝的王仁求碑、法华寺石窟、洛阳山禹碑、连然文庙、读书铺、镶甲舞、八街小调等等，组成了璀璨的安宁文化星空。出于对历史发展的尊重，我们还采纳了论证专家们的意见和建议，补写了部分曾经在安宁文化中占有重要地位的文化元素，比如石龙坝水电站、炼象关等，它们也汇入了文化安宁的星空。

我们在写作这部书的过程中，虽然碰到了许许多多意想不到的困难与麻烦，但大家克服困难，最终为全书写作画上了一个完美的句号。对文化安宁的触摸，让我们在写作中得以学习与提高，让我们真切体会着历史的咸味和文化的甘味，这苦口甘口，诚"如鱼饮水，冷暖自知"。

三年多的时间，写作组进行了有效的分工协作，郑千山制定写作方案并负责序言、后记以及第三、四章的撰写并补写了第六章的部分章节，傅小建撰写第一、二、六章，张清、郑千山撰写第五章，最后由郑千山对全书进行统稿。

写作过程中，得到了安宁市多部门的关心支持，多方人士提供了大量史料与图片资料，让全书得以图文并茂，活色生香，其中以解宇、尹兆红、陶鑫洲等同志出力尤多，在此表示由衷的感谢！

安宁还在时代的发展进步中前进，安宁文化带给这块大地充分的文化自信。在文化光芒的照耀下，文明安宁还将成为春城昆明乃至三迤大地上光彩夺目的文化明星！